画约楼上

肖小艳 著

台海出版社

作者近照

楼上古寨风景图

楼上古寨

梓潼阁

北斗七枫

古 巷

古宅居

金银双桂

山　塘

天福古井

戏 楼

观音阁

文笔峰

寨 边

山 岚

养正书院及支教图

养正书院

国画课堂

国学课堂

采风、写生图

竹清墨韵

云开雾去

水清似镜

楠古繁荫

云山悠然

一览田畴

对景写生

与铜仁学院2014级山水班写生合影

前　言

　　我与楼上结缘，起于 2015 年夏秋之际去楼上养正书院支教。去时时值傍晚，一路风景正渐入夜色，前路如何，便不得知，直至后来到达一个较高的位置，才可见一点儿亮光，那便是远处泛起的淡淡暮霭融着澄明的月色。此时，楼上已近在眼前，恍若即将走进桃源境地，看上去别有一番意味。

　　让我没想到的是，来此支教的老师仅有四五人，学生却有上百人，并开设有国学、诗文、书法、国画（山水、花鸟）等班级，各类班级五六个不等。每天上午、下午都要上课，上午一、二节上国学、诗文课，三、四节上一些基础的山水树石法和书法练习课；下午临摹元明山水小品画和进行书法学习。书院原是学校，20 世纪 70 年代所建，后学校搬迁，这栋木楼就办起了书院。书院为寨中乡贤自发筹措成立，特别是周政文老师，一直在为家乡和家族耕读文化的传承及绵延做着努力和贡献。其创办书院也是借此目的，希望承续家族五百多年的耕读历史和耕读本色。书院从成立至今，都是纯公益性的。面对如此多的学生，书院一路走来磕磕绊绊，有太多的艰辛与不易。这些艰辛与不易想必会一直伴随书院的成长，包括缺乏教师。2015年刚开班时，教学设备极简陋，走廊、庭院都用上了。第二年便有所好转，学院有了五间很好的书画教室和一间图书阅览室，功能齐备。每天上午上课前，我都会在古寨及梓潼阁周边的古树林，寨外田园边及漻崄河、长滩河看看山色田野，观赏朝岚罩河。中午有时写生，有时闲坐看书。下午下课后，支教老师相约去河边，看山玩水，有时待月升起才返回。上游漻崄河之上是峡谷，下游长滩河之下也是峡谷，沿河往上往下都有许多天然奇观。楼上漻崄河十二景即在沿河的上下游。那时河水清澈如镜，滩多潭少，沙滩有曲有直、有大有小、有显有隐，滩水也有缓有急，其凝聚的美感想必也是诗人画者之会心处。楼上之水亦因这些美感而川流不息。

　　支教时光一晃而过，短短的半月支教，成了我人生中最珍贵的体验。说是来支教，却无异于避暑、度假、采风、写生。2015年后，我又数次去楼上支教、采风或写生，对楼上耕读文化及山水美景，有感于心，而寄之托之，结下难舍之情。在楼上支教、写生的这几年，是我真正融入自然，与山水田园相涵濡的几年。

　　这几年的春夏秋冬，无论是春光明媚还是风雨晦明，或于古寨院落中，于田畴间，于天福古井旁，于古屯观景台上，于梓潼阁双桂树前；或品茗夜话，或玩月迟眠，或赏花早起，或展笺追摹，或商略诗心，或纵笔挥毫，无不适意称心。因悠闲而体悟，因皴染而充实，因境偕而心畅，这是多年来最难能可贵的风雅，直有"楼上山水我来画，从此不再走天涯"的期许。

　　此次，将这几年在楼上写生、创作的作品，以及每次对楼上山水的切身体悟，对楼上文化的领略、品味，所写的心得，一并集结付梓。虽学浅画粗，难以表现楼上之美，却也是这几年所学所思与心性努力的凝聚，敬请师长、同道友人，不吝指教！

肖小艳
2019 年 5 月于杭州

绪论：楼上山水与文化

楼上村位于贵州省石阡县国荣乡，距县城西南 15 千米。

楼上周氏家族祖先，从江西转四川威远，后于明代弘治六年（1493 年）从四川乐至避难入黔，行至思南府蛮夷属地寨纪（今楼上）择居繁衍至今。楼上在明代始属思南府蛮夷长官司管辖，清中后期属思南、石阡二府共治。现周氏家族以楼上寨纪、古寨为中心，散向四周居处，繁衍至今已传十九代，历时 526 年。族居及耕地面积近 20 平方千米。周氏现有近 800 户，整个家族人口包括外迁在内已达万人。

楼上周氏从明代定居之后，经过四代人、150 多年的耕读传家，已家声穆穆。周氏家族子孙，淡泊功名，本分持身，耕读为业。家族发展到雍、乾时期，族中户室云连，诵读不乏，一时耕者足衣食，读者列庠序，闻名遐迩。

数百年来，周氏家族一直保留着"有庐舍以避风雨，有桑田以给衣食,有学校以治身心"的耕读本色。"读"不是为求取功名,而是明礼义,治身心,做贤人。这个家族里的每个人都是耕读人生的演绎者,又是耕读的咏叹者。

楼上古寨,历史悠久,是周氏家族的核心村落。作为明清时期遗留下来的一座典型聚落,它是特定自然与人文环境的产物,具有独特的地域特色和文化传统。整个村寨坐东北面西南,倚山临水,布局井然。其传统民居建筑包含了明、清、民国、中华人民共和国等不同历史时期的建筑 400 余栋,承载着周氏一族 500 余年的耕读记忆。

楼上古寨建筑群,由传统民居、寺庙(梓潼宫、城隍庙)、祠堂(周氏宗祠)、书院、戏楼、桥梁(楠桂古石桥)、古井(天福古井)、碑刻、古墓葬、屯堡遗址等不同类型的历史文化遗存组成,有着天然的古风古韵,是中国农耕文明中保存最完好、最典型、最集中、最丰富、最古朴、最富有诗境画意的代表之一,是几千年来文人们所追求并向往的那种可耕、可读、可居、可游、可行、可望、可赏、可寄、可隐的理想家园,被誉为"佛顶山下的明清古村落",至今保存着独特的古汉族遗风。2008 年 12 月,楼上古寨建筑群被住房和城乡建设部授予"中国历史文化名村",2012 年成为国家文物保护古村落建筑群。

楼上山色之美,可谓幽绝深秀,横绝黔境。其深秀,秀在云烟;其幽静,静在绝尘。这里四季朝暮,变化万端,各具形态,山水相映,囊括万殊,景色秀美而至于绝伦,散发着桃源般迷人的魅力。

楼上是一个集村落、山水、田园风光为一体的胜地,山水素材丰富。站在观景台上,近看,村落密布,与树林、田畴错落环接,自然天成;远望,奇峰昂然,峻岭蜿蜒,嶂峦秀起,千山万壑,奔涌趋伏,层层递远而上,蔚然深秀。春时赏花,夏时观云,秋时玩月，冬时望雪，这些自然的馈赠又增添了楼上无穷无尽的美丽。

楼上以耕读为基，传承为绪，育人为本，做人为要。在家族耕读生活中强调"耕以足衣食、读以养身心"的哲人思致。在耕读之中，贯彻家族不官不宦不求富贵，只求家族繁衍绵延发展的永恒视野和生存策略，并将这种策略转化为基本的家族精神和品质特征，熏养族人心灵，塑造贤人风规。在耕读实践中，重视源自日常、源自底层的耕作，重视以独立精神、传统活化、时代转化为主要内容的精神内涵建构，让族人在耕读中平淡而自信地生存。

楼上山色之美、田园之臒、耕之乐、读之趣，不仅是自然之景，更是文化之境，既源于自然对楼上的垂青，又承载着500年来周氏子孙对它的眷顾与守望，并以感知方式沉思山水自然中的生命形式和体验形式，也是其家族世代耕读人生的言说。在其言说中，心灵应和着生命的激发，其心中的情愫和精神体悟，通过家园建造使古寨以如此完美的形式美感表现其文化耕读的内在精神。可以说，家园之美是楼上周氏家族的生命展现，也是其生存方式，是耕读的激情赋予了家族敬自然、礼神明、重文化、尚审美的一种独立精神之途。而色彩、线条、轮廓、气象、韵质，也都在尽情表达这种精神。它所表露的酣然生气与陶然趣机，乃是对弥漫着化育万物气韵的一种描绘，不论如何灿然展现，都需要心灵来钩深致远、充分发挥。

这几年来，笔者多次去楼上，寄意山水，探索实践，经春历秋，年年相续，涉水跋山，寻幽涉险，广开眼界，反复尝试，因山而来，因水而往，云烟供养，游心造化，时与楼上山水精神相绾合，援笔于烟霞之际，微吟于昏旦之余，体悟老子渊静哲学之本旨，而发抒笔墨，汇集一些写生作品，亦得仁智之乐。

目 录 CONTENTS

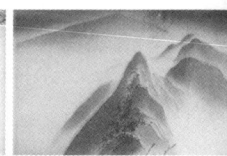

第一章　写生楼上 ／001

山水形质　003

观物取象　008

笔墨在我　014

田园山居　020

第二章　品味楼上 ／027

景含万象　029

居追造化　036

诗书耕读　044

茶韵无声　056

历史感怀　062

第三章　行吟楼上 ／069

　　与景絮语　071

　　与山共色　079

　　与竹从容　084

　　与物皆禅　091

　　与畴相期　098

　　与忆相牵　103

第四章　山水约我 ／109

　　画循人文　111

　　淡染轻岚　128

　　心与境偕　135

　　桃源篇章　139

　　后　记 ／143

第一章

写生楼上

山水形质

　　楼上地处大坪上山南的中下部，依潦崃河而居，隔河与佛顶山山脉相望，距佛顶山主峰30千米。楼上是典型的喀斯特地质结构类型，是岩溶化的中低纬高原、低海拔山区，处于群山交会所形成的相对开阔，又以坡、湾、垴交错抬升的大斜缓坡地带，间杂多种地貌类型。

　　楼上因其独特的地理地质环境，加之潦崃河从西向东横贯，上自黄蜡岩，下至雷打岩。隔河对岸是山，多呈白云岩，以山岩为主的峰、岭、坡、峦、屏、石壁、岩硐、裂谷、石垴等，得到了充分发育。这里山高谷深，山势绵延无尽，山体形态丰富，形成了群山奔趋、沟壑纵横、层峦叠嶂、悬壁绝岸的奇观。潦崃河曲折蜿蜒，清澈如镜，潭少滩长，滩或急或缓，如玉带穿梭于群山之中，两岸群山相对而立，峡谷起伏不绝，风光旖旎。

　　楼上草木茂密，林木种类繁多，千山皆碧，气象浑然。特别是梓潼阁及村居：一山万树，遮天蔽日；老树苍藤，盘根遒曲；花果竹林，散落有致；亭台楼阁，典雅壮观；木屋青瓦，田畴古巷。处处皆胜景。

楼上气候湿润，四季烟云变幻莫测。村庄与田畴，散落于潨峪河北岸的坡湾之中，与河流、峰峦、丛林、飞瀑、幽溪等交相包裹，幽深奇绝。而远山雾霭迷离，云烟飘荡，在晨曦、夕阳、雨后、月光之下，各呈其态，四季之景，美不胜收。

在楼上寓情观景，以见四时之交，皆有景可寻、可游，有泉可听，有石可留，吟想其间，四季可赏，触景殊多，情随事迁，遂有所感，神韵天然，最是怡人。古人有"春见山容，夏见山气，秋见山情，冬见山骨""夜山低，晴山近，晓山高"等说法，写生期间，通过楼上山水体悟到自然的深意，是心与物、情与景、意与境交融的产物。

从 2015 年暑假来楼上支教开始，后又多次去采风写生，不断感悟到这里独特的文化韵味，更醉心于楼上山水田园之美，朴素自然、深秀苍浑，故而从心灵深处生发要去表现它们的冲动，期许与它们相共鸣、相往来，在此过程中不断涵摄楼上山水审美、质素，又不断积累、探索适合自己笔性和能够表现其特质的艺术语言，找寻更能概括楼上那种历史感、古朴感与文化气息的笔墨韵味，因而在笔墨上进行了许多的探索与思考。

图1 楼上写生 纸本水墨 46cm×34cm

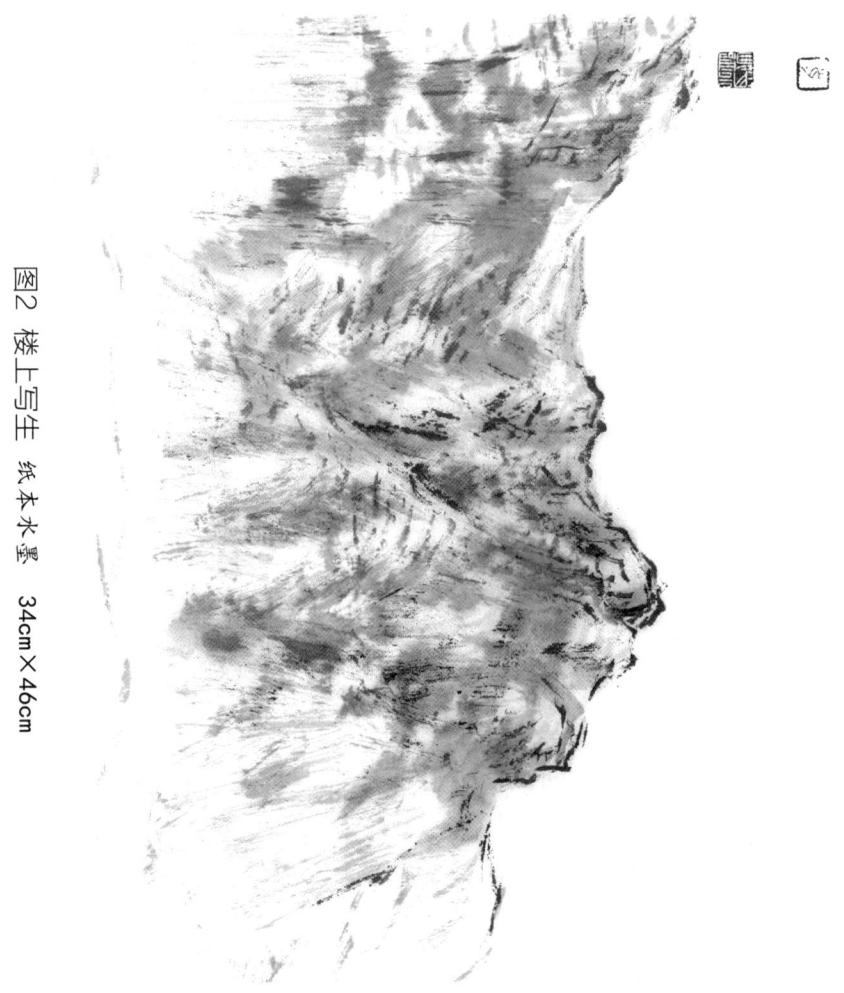

图2 楼上写生 纸本水墨 34cm×46cm

图3 紫薇临风 纸本水墨 46cm×34cm

观物取象

写生的目的不仅仅在于寻求我们创作需要的素材与新的笔墨形态和构图形态，更多的是为写物象自然之"生活"和受自然事物的"蒙养"，得到新的生命体验。写生是从对山水树石等形质特征的概括、提炼上升到对山水整体形质和本质的把握，同时不断萃取对山水的文化特质，力求形象与笔墨达到和谐与统一，以期较完整地表现主观的审美感受与体验。

写生是"师法自然"。张璪云："外师造化，中得心源。"造化，即天地万事万物；心源，即画家的心性、情思、精神等。孔子有"仁者乐山，智者乐水"之论，老子有"上善若水"之说；禅有"看山是山，看山不是山，看山还是山"之参悟，如此等等，皆是人对山水精神的感悟。

据画史记载，五代后梁画家荆浩，一生躬耕而食，忘去世事，将自己的心灵完全托付给自然山川。元代黄公望尝以八十高龄，为完成不朽之作《富春山居图》，多年徜徉富春山中。同时代的画家夏文彦对黄公望此种专心致志曾有记载："居常熟，探阅虞山朝暮之变幻，四时阴霁之气运，得之于心而形于笔，故所画千丘万壑，愈出愈奇，重峦叠嶂，越深越妙。"

许多古人写生逸闻曾深入我的内心，使我不断受到感召。因此深入楼上，我不仅携笔写生，还"饱游饫看"，不局限于一树一石，而是观形式，览气象，测幽微，并历历罗列于胸中。

石涛有"借笔墨写天地万物而陶咏乎我"的追求。自古至今，写生山水，既可感观自然，又可心观自然，还可迁想与畅游，赋予笔墨更多的主观感受与精神投射。种种心迹，幻化着有形与无形，以期能会归众妙，纵笔写之，心底白云宛然于笔端流动，主观心象与客观物象在纸上交融，山之格调，松之风神与内心情愫相化相生，而后跃然纸上。

写生往往是面对山水自然，有取舍地去观察和体验其中的美感。山水画的写生，则因山水画对于空间的表述，自有其特殊视觉之法，如"仰观俯察，远取近求""以大观小，以小观大"。这也决定了中国山水画的空间是可游移性的，抑或是随意的或任意的心理视得，能最大限度地表现作者观察事物的深度和广度。这种"游"不光是视觉、身体的游走，更是画者与观者"神思"之游。

写生的观赏过程同时也是对山水自然的认识过程、理解过程、审美过程和形象再创造过程，既是写自然的灵性，也是写自身的心境和性情。程颢云："万物静观皆自得。"只有全身心地投入到山水中去感受、去体验，在写生中才有可能将这感受、情意付诸笔墨。

多次在楼上写生，感受最深的是"师造化"。将心象与物象相融，从师古人、师造化，最终以师吾心为旨归。所写生山水，乃心之灵,心之象,乃心所造之境,所以不能简单地以再现为目的,而应与对象互化而求心知,"与山川神遇而迹化"。因此静静地体会楼上山水的意味,感受其山水精神的本质,造化于外,心源为内,发之于心,行之于笔,立之于象,以表情思,实现借境写心的目的。写生其实是一种天意与人意合一的再组、再造,是学养转化为水墨精神的迹化。

在楼上的写生中,有写实境,也有写虚境;有写有我之境,也有写无我之境,可以轻松地出入于两者之间。只能写"实"而不能写"虚",是近代采取西画方式写生画家的不足;只能"虚"而不能"实",是拘于传统写生的缺憾。

图4《轿顶挈云》,在写生的过程中,曾反复去感受领略轿顶孤峰挺立、气势入云的气象,以及其山色。在阳光的映衬下,有深浅明暗的层次,显得斑斑斓斓,增加了迷离中的苍翠感。在楼上山水中,多烟岚之幻,形貌极难捕捉,一般通过渴润相兼的笔墨,加上充分渲染,将氤氲之烟色、造化之幽微,驱遣于笔下,使峻岭峰峦各呈其奇,却又难以一一收抱,每慨其"闲云无心任去留,情对青山意难收"的遗憾。

图5《玉带晴岚》,在于主动把握山水田园的整体性和高度的概括性,使山与山的承转避让、树与树的交互掩映续续生发。画中田园河流交错绾结,层次丰富,以求虚实得当,笔畅神怡,精气相贯。在章法上,饱满充实,内容丰富有变化,不论实处或虚处,层次井然,而又呼应顾盼。其虚处,大多采取烘云的办法形成画面的重要组成部分。其云气往来缭绕,散落在画面的上下左右,大小错落,形状变化多端。其内部形态大小相间,或聚或散,与实处相互搭配,相互呼应。有时虚的部位不一定是云气,也可能是一块大石头或山体,里面偶有皴擦,笔墨简洁,也起到虚的

作用。这种以实为虚之虚，也可以和云气的虚相呼应，更增加其丰富性。

图6《潼阁幽深》，构图力求主次分明，突出阁境的幽静深邃，这是我写生时最主要的追求。所追求的意境的变化，在于对景的体验与收摄的丰富。在表现更强调画面中的诗化意境。在表现氤氲楼上周氏家族与梓潼阁相偕、相生、相守、相望的同时，通过自身对人生、自然、生命的深刻领悟加以表现，将楼上的文化精神延伸到山水中，给人一种悠然以远的境界。

写生实为一种人与山水的融通，也是对山水精神的一种表达。写生不是以形下再现为目的，而是强调内心与山水的互化和精神往还，更多地感受山水烟云中的气、韵、势、态的物象存在，以领略超视觉的生命精神，加强画面的生动与丰富。借助我的努力与山水给我的启示，写生不仅可以摆脱程序束缚而获得新的活力，也能够适当地借助传统程序，把攫取造化源泉与笔墨表现在更高的层面上统一起来。观景写生的眼睛也已带着山水文化的意识与形式的经验，并以此搜求、发现充满诗意和生命意蕴的楼上山水的生命之真、生命之境。

图4 轿顶挐云 纸本水墨 46cm×69cm

图5 玉带晴岚 纸本水墨 34cm×69cm

图6 潼阁幽深 纸本水墨 64cm×46cm

笔墨在我

笔墨乃中国画技法的总称。作为形式语言的笔墨，决定着中国画的基本特征，是中国画区别于其他绘画的根本标志。在技法上，"笔"通常指勾、勒、皴、擦、点等笔法，"墨"指烘、染、破、泼、积等墨法。墨色从一定意义上讲，可以分为焦、浓、深、浅、淡、宿；而从量化概念上来区别，可分为极、重、中、轻、微。对于中国画而言，笔墨是手段，同时也是目的。

在本科学习期间，我曾深入传统，重视对笔墨的训练和领悟，又不间断地临习书法，于汉隶之外，广涉唐宋名家，对元人笔意也多有领悟。

在研究生学习阶段，我深受罗颖老师的指导，更深刻地认识到宋人对山水的理性精神的表达，也明白了赵孟頫所强调的作画贵有古意的真正内涵，无论是对笔墨语言或是对中国山水画脉络体系，抑或对山水画审美境界方面，都有了深入的理解、领悟与把握，并不断拓展与提高。特别是通过课堂、图书馆、展览等观摩与学习，从美院老师们的作品中不断吸收营养，体悟他们如何学习传统、厚积笔墨功力、写生创作等，领会他们如何与古人为师、以自然为师，实现"中得心源"、推陈出新的发展过程。我从老师们的作品，上溯到更前一辈、再前一辈先生的作品，去涵泳他们笔墨的韵味，以提高用笔和用墨的表现能力。

古人云："笔墨一道，同乎性情，非高旷中真挚，则性情难出，而山水精神难悟。"楼上有奇山秀水，触目可画，有史以来，却不能形诸楮素，彰显其美质美态，犹绝色藏于深闺之中。这使得楼上山水的写生与创作，也因此没有现成的技法可资借鉴。传统的笔墨融不进去，只有勾勒、皴擦也不可行。虽难以笔墨表现，更难以将其多种美质化为自身艺术语言，但是这本身就是挑战与尝试，同时也给我在创作中传承出新提供了广阔的空间。

夫画之为道，不苦心不深，不积学不厚，不辟智借慧于山水，则不灵，其所由者，山水之功大矣！昔者，黄公望终年云游于富春山中，故其画日益宏肆，乃有"峰峦浑厚，草木华滋"之格。董其昌谓"读万卷书，行万里路"，其画愈觉古淡渊永，遂臻于松秀清雅之韵。

用笔用墨，实则以用笔为主，用墨为辅。在古人看来，用笔用墨不是孤立的。用笔用墨首先以表现对象为旨归，忘记对象，也枉费笔墨之妙用。

这几年，我从传统深入，向楼上山水自然的深处走去，一方面调整传统程序性画法，从对象的形质特点寻求新意，赋予山水特质更强的真实感、丰富性；另一方面，尽可能发挥笔墨语言的表现力，强调中国画的基本特征。

这次写生，笔墨运用得到了提升，一是能使笔松见涩，而有苍茫之感。二是用笔日趋拙朴厚润，有时运转也能由心，使笔与笔之间，错错落落，似接非接，似断非断，强调涩中求畅，在畅中求润的笔墨效果。笔力有见厚见朴的端倪。或描其雄奇险峻，或写其幽静深邃，或绘其秀丽妩媚。

图7《雷打岩》，笔法力求沉实刚健，风格兼寻苍浑厚重，使墨色浓淡相融、枯润互济，在晴光雾霭明灭之际，见苍翠幽深之美；力求骨气洞达以显断崖之奇峻。概言之，寻求突破性的笔随形生、墨从笔变、笔意墨韵，互为益彰，使作品有厚重感与丰润感，清逸而松秀，朴拙而空灵。

图7 雷打岩 纸本水墨 46cm×69cm

写生的同时，我也在思考以下两者之间能够融合与衔接：一是把笔墨当作一种语言形式，通过不断地重复这种笔墨来言说笔墨之外的心境与书写状态，以获得一种快感。二是师法自然，在参化古人的基础上，写胸中逸气；放怀自然之时，能不泥于古，化古为用。

图8《古枫归鹤》，以浓墨枯笔勾皴树形，间以渴笔、湿笔点染树的枝叶，以淡墨晕接，力求简洁。通过淡远高古、苍朴的老干来体现古枫岁月的风姿，融入"数声归鹤夕阳间"的美景之中。

图8 古枫归鹤 纸本水墨 46cm×69cm

图9《稻草依依》，构图简略，笔墨力求洗练，稻草棚立于田间，一田埂弯曲延伸，极富深意。此写生试图将观者带到富有桃源诗意的楼上耕读记忆中，体悟古今耕读中的诗情，欣赏耕读文化的深意，享受阵阵春雨秋风的荡涤，同时也将情性、生活、经历、感悟、追求与理想融于形式美、生活美与境界美之中。正因为此，我们也可以在收获之余去感受那稻草棚立于田间，悠然自得，犹如耕读之士，"不以物喜，不以己悲"的生命之歌，以领略楼上家园的绝美风光。

图9 稻草依依 纸本水墨 46cm×69cm

图10《滠崌山色》，构图平正中寓险绝，注重山体峰峦、阴阳向背、起伏奔趋之势的承接转折，协调河流、岩壁、坡堤、树木、山体、峰峦等主与次、实与虚、轻与重的关系，在相互呼应中实现统一，使画面实虚相生、轻重相间、聚散错落，实现运笔落墨，景以意收，而得"行于所当行，止于不可不止"之妙。总之，在于得势、得气、得虚实。

黄宾虹先生说："作画时须将心收起，勿使其如天马腾空；落笔之际应留得住墨，勿使其信笔涂鸦；纵游山水间，既要有天马腾空之劲，也要有老僧补衲之沉静。"在笔墨方面，通过写生积累，伴随审美感受的提升与表现手法的逐步多样和丰富，我反而越发感到传统笔墨的重要。这本身也是对传统认识的再深入。从楼上山水特质、人文特点中不断参悟，力求用自己的笔墨语言对其写生，因此对楼上写生，力求有更多原生的笔墨语言，以不断生发出见性见情，又有审美意蕴的写生作品。要达到古人所谓的厚积薄发、以少胜多、取象不惑、以意命笔等境界还有待时日。这也是这次楼上写生之后，有待思考与不断探索的课题。

图10 滶崄山色 纸本水墨　34cm×46cm

田园山居

　　我写生楼上山水，在努力继承中国画写生传统的同时，更注重笔情墨趣，有意识地在写生中提炼笔墨，解决笔墨与景象、体验的结合，从描写对象的笔墨上，转向传达自身气质、学养和内心体验，以及审美追求。

　　楼上村居、树林、田园、山水有远有近，有明有暗，景物有强有弱，有清有浊，故而必然产生虚实变化，反映在构图上必然有虚实、隐显、明晦、藏露，对山石的向背结构，田园、村落、河流及山脉的起伏走向，云气的往来，道路的出入，桥梁屋舍的位置，等等，都必须交代清楚，这确实很难。

　　图 11《古寨春韵》，半抹山色，几幢民居，体现了悠远祥和的用笔节奏。宁静素朴的田园农家情调弥漫在画面中，亲和、爽致、舒畅。房屋参差，田畴衔接，石墙树木自然生动，气韵内蕴，画中点景笔调随意，融入田园自然之趣。有时于村寨、巷道与树

石之向背、大小、方圆之间既有得心之意，又来应手之乐，于恣肆中含章法，颖异中见谨严，禀造化之秀，有无穷之趣。

图11 古寨春韵 纸本水墨　46cm×69cm

图12《古寨幽居》，紧紧抓住楼上古寨的特点，用笔强化并再现了多年来笔墨上的一些变化与追求，渴笔、浓墨、干笔、淡墨、皴擦、渲染相融合，随机而化。笔意着力于厚重、率意，以求雄厚、清劲，蕴之放逸、绵茂而贯成，于枯涩中求湿润，清晰中求雾感。笔墨与风格是自身审美追求实践使然。这是探寻以新的语言来表现楼上古寨的深秀，极度的幽静、空寂，历史的回味，素朴与家园生意盎然的生机所做的努力。

图12 古寨幽居 纸本水墨　69cm×46cm

图13《天福古井》，以凝练的线条勾勒古井及周边景色，强调用笔奔放、纵逸，尝试皴擦之用，力求气韵朴雅、朗润清逸、秀美天成之效。

图13 天福古井 纸本水墨 69cm×46cm

我根据对象的特征，不断探索、尝试不同的画法，以把握山水树石的虚实、枯湿、繁简、疏密、浓淡、远近等形质特征，以及独特的山水文化气息，表达出面对山水树木时那种生生之意的感受，即做到委心古人，学之而无外慕，浸则生悟。这样，富有新意境、新构图、新笔墨的作品，也有可能随之诞生。

笔墨表现可以是感觉的、不完整的、尝试性的。这类作品一气呵成，虽难言高明，但亦风趣洽然。内容上虽丰富不够，但有时一笔宕出而接续不易，则凝神贮思，以蓄其势，及至绝处逢生，反得奇景。

当然，这类村居写生之作，还需重视笔墨与形象的统一。笔锋之运转，来自对心灵的抒发。当心灵感悟与笔锋合而为一时，则山水精神在焉，生命感悟在焉。但笔墨又是为境而生，有独立于布景之外的表现性。

构图，以村居为重点，更对构成村居环境的景物予以重视，对田畴、巷道、石墙、村烟、古树等形态及布局非常考究。因居所是人生活的主要场所，所以构图集中体现了人的生存空间和特定的历史文化空间，也融进一些对人生、生命及历史文化态度的相关思考。

楼上写生，多册页小帧，要在村落山居之中见出壮阔之景，构图则近、中、远景并置，高远、平远、深远，互融、互借、互生。深化并拓展了"深远"之后的色，强调深远之重晦，将雾霭之气充盈于景物之间，增其幽远、迷蒙之意境。

通过数次写生，我对楼上文化与山水特质已了然于心，有时放笔直下，似不考虑，更胜于深思熟虑之后再画。用笔从容不迫，任笔而走，随意点染，而能云烟入纸；有时卷袖急挥，下笔如疾风骤雨，顷刻而就。所谓急所应急，慢所应慢，有时沉着痛快，有时轻描淡写，有时似壮士弯弓，有时如骚人赋诗，轻重徐疾，相互应用，有潮起，有月升，有云荡，务必使波澜起伏，气象浑然，使览者应接不暇，挹趣无穷。

第二章

品味楼上

景含万象

　　楼上古寨家园的建设，具有悠久的历史，独特的审美意味，憧憬在先，景循意出，有静品、动观之妙。静品，是这家园，可使人驻足或坐下来慢慢品味、欣赏；动观，是在古寨巷道与田园之间，往来行望，可览胜景，妙在移步换景。庭院、村落以静观为主，动观为辅。亭阁、田畴、山色则以动观为主，静观为辅。

　　动静相生，亦相对，动中有静，静中寓动。在梓潼阁基园山林中，静中寓动，动由静生，其观赏之景，变化之妙，层出而成幽境之胜。若阁中仰视，行云冉冉，鸟飞花落；人行客往，移步阁外，山石树木，动静交织，相映成趣。在这里故以静观动，或以动观静，皆能境界迭出。古人有"万物静观皆自得，四时佳兴与人同""云无心以出岫，鸟倦飞而知还"，类此景外之景在这里目不暇接。

　　古寨不仅可动观静品，还有仰观、俯察之妙，思致阔深，可谓是"渊静中含容万有",可大而一览,小而微观。楼阁掩映,树根盘石,路径曲折,沟渠环绕,田园秀错,山塘涵影。山塘之筑,无不应和远山近水之想,水曲因岸,水隔因堤,因水留影,有"波光涵影荡,枫摇归鹤声"之韵。

梓潼阁建筑群,一阁通幽,群山环抱,故配以桂丛,香溢不散,信步盘桓,流连忘返:"山岚如有待,阁景更无私。泉冷洗尘俗,寨幽人不知。"山气霏微,花滋而馥郁,宜春看林边,春色连绵无尽意。寨外楠桂桥头,田畴环展,桥石接东西,楠桂映左右,沟覆修竹,清风自引,绿云摇曳,野趣横生,信步其间,可赏可歇。双植楠桂,更赋文象,有"楠桥晼晼里,夕阳山外山"之致,加之寨中天福古井,"流泉伴竹韵,梢头看红杏",这些正是古寨的多层次,空间感和声感并存。高枫、归鹤、夕阳、山外山,把人们的视线引向仰观;而流泉、竹韵、杏梢,又有让人留心俯视之妙。身临其境,既有清风,亦觉风为人拂,人在其中,遐思不绝。

楼上之地,有山有水有云烟,山色绝佳,草木清华,令人赞叹,令人感怀,正如宋人郭熙所言:"山以水为血脉,以烟云为神采,故山得水而活,得烟云而秀媚。"山尚如此,何况古寨!寨中树木栽植,虽为绿化,却更兼画意之美,以备供养赏玩。窗外横枝,可入画图;庭中果树,不讲品种,三五一丛,低昂有态,极具风姿,可赏可寄。这些组合使古寨与田园、山水相裹抱,实现借自然美家园之境。所植花果树木多落叶,以疏植之,取其空透;寨外多植楠桂,沟边多竹林,以补青翠,则旷处有色有物。此为以疏救塞、以密补旷之思。落叶树能见四季,松竹守岁寒。此地山居,植松种柏,以御早寒;栽桃种李,以观四季。家园周围,都留给了人们想象,大概篱落竹扉上全是粲粲千花:蔷薇、紫心草、白木香、酴醾、玉堂春、月月红、牵牛、蒲桃、粉团花、西番莲之类,相容相让，交相错放，芬菲婀娜，摇风弄雨，绵丽动人。

古寨植树配景，栽花待赏，也有藏有露有分别，具芬芳者，皆置院边围墙处；修竹分翠，竹高影密，既可摇风隐日，也可映窗招月，故栽于院外楼边；牡丹芍药，向阳斯盛，植于院边；月季鸡冠，则插墙垣，用意为遮隔以留雅可观。

楼上风景优美固然重要，但还有更为重要的因素，即其中有文化、有历史。古巷、石垣、石桥、古屯、古井、古树、古墓，还有传承有序的家族规约和特有习俗等。这些既是历史的景观，也是文化的景观，可丰富古寨含蕴，使人产生兴会与联想。

寨中老屋之中，多挂有匾额，其文字隽永，书法美妙，令人一唱三叹，徘徊不已。匾额多木制；联屏有笺对、板对、瓷屏与木刻。这些匾额经得起烟熏火燎，具有历史厚度，耐品耐寻，皆因地制宜所成。其住宅堂屋中所悬挂楹联格言，可规箴行为，启发心智，淡泊情怀，令居者有明心见性之感，实是用心所致。再有清明的祭祖活动，其隆重、壮观更是震撼人心，让人在内心深处领略到周氏子孙对自然、对祖先的敬重与虔诚。

进入古寨，行望游赏宜慢、宜坐、宜留，可细数落花，可听晚钟鹤鸣，可赏树摇鸠声，可与农人话家常，可上古屯观景台近收村烟、远眺放怀，也可以到梓潼阁中迎风待月，见花影移墙。

寨中所有院落，外看自然形成前后四合院，进内却只有三合院，正基于"常倚曲阑贪看水，不安四壁怕遮山"之故。其道墙因势而置，起遮隔之妙。每家住房材质相同，三合式院落大致相同，配房结构大小各异，而檐屋错起，一院一景，耐人寻味，形成不同姿态，不同节奏，却丰富统一，复杂又谐调的有余韵的风格。庭院之置，其室内外空间相互呼应，以资流通。晨看朝岚，暮赏落霞，坐卧其间，小中可以见大，实古寨的风雅。则小院敞亮，面接山色，石墙花影，自多情趣，生活其间，可以独处，可以迎客。厢房为低槛曲楯，蔽以敞楣。古屯观景亭，观音阁观景亭，皆敞而虚之。正所谓掩映相生，宜掩者隐之，宜观者敞之，宜遮者隔之，宜分者分之，等等，以小见大，掩映成趣，留有想象。

古寨及梓潼阁基园山林中，曲栈、曲巷、曲廊，婉转通行，处处都是风景，随直且曲，有转有折，曲折有度，使人左右顾盼皆有景，信步其间而道阻且长，趣味越深，恰与寨外梯田、田埂曲直相秀错、相统一。上古屯观景亭，曲栈迭折，景色随之变化，随之屈曲；村舍远山，与树木交相掩映，步步景新，行之闲适，有可行可赏、可兴可叹之妙。

观音阁以阁镇山，临踞其上，人立其中，凭空眺望，下临田畴与长滩河，使河对岸山景多成近望，可周览其胜。古屯观景亭可俯瞰，可远眺，俯则古寨尽收，眺则佛顶群山一览目前。两亭阁在建筑上的用力，各臻其美，景见乎斯。

晋陶渊明"中无杂树，芳草鲜美"与"采菊东篱下，悠然见南山"句，同为千古绝唱。前者说明桃园膴膴，桃花宜群植远观，绿茵衬繁花，其景自出，后者暗示"借景"，而楼上寨外田畴山色，皆是天然可借之大美。古寨景物皆绕寨面山而构，纳寨外田园、山水、云岚于各建筑之中，犹如诗之绝句，词之小令，皆以少胜多，寥寥几句，弦外之音，有不尽之意，深得景外有景，又妙在"借"景，此起而彼伏，四时之景相续。其花影、树影、云影、水影，风声、水声、雨声、鸟声、竹声、鸡犬之声、琅琅书声，花香、蔬香、稻香，无形之景，有形之景，交响成曲，而诗情画意，油然而生。

观其寨中有景，景中有人，人与景合，景因人异，吟兴所至，与寨景息息相通。"家家占山色，处处分鸠声"，寨中景也；"兴移无洒扫，随意坐石苔""呼人扫壁开图画，邀月留客试老茶"，景中人也。

景有情在，情有人在。无屋便无村烟，无屋即难筑巢，无人即无情，无情亦无景。古寨关键在有景有情，如周师澹之诗："花片粘红雨，泉清浸碧苔。耕云伴溪去，筑巢引燕来。瓦屋层层错，村烟绾绾开。农归占晴处，楼上妙天裁"。因屋而人，因人而烟，因屋而燕，因燕而巢，情景交融而生，实乃天裁一般。

楼上景致之美，画家可以不同笔法表现，文学家可以不同角度描写。楼上古寨造景自然，观景却不易。"泪眼问花花不语"，痴也。"解释春风无限恨"，怨也。故游必有兴，赏必有情，钟情山水，知己泉石，其审美感受之深浅，实与文化修养、艺术审美相涵摄。

天福古井、楠桂古桥、梓潼高阁等无上建筑妙品，数百年来受人们瞻仰，不禁发出伟哉壮哉之叹。明清耕读时代，人性与神性相互浸润的遗绪都涵摄其中。其四周所植桂、枫、松、柏、楠及各种树，于自然中仍饶峬峭，苍莽中转见深秀，纤浓而气益阔，茂密而境愈幽，意味无穷，仿佛更多是为古寨的文象而植。再于林木深筱中坐，意态忽忽，系一世的情怀，故能一往情深，意入飞云。庄严的神性弥漫在村边田野，在感慨之间，引向耕读生活的历史与生命的崇高感。

透过古往今来的风烟岁月，透过楼上周氏十九代人的勤劳与汗水，透过各种表象，去探索这让人敬畏而又赏心悦目的静美，与熠熠生辉的人文建筑，去寻找那份雅致的安宁、悠远的意蕴与生命的境域，油然有穿越周氏家族耕读绵延的历史之感。庭院竹一丛，床上书几卷，这就是其愿力和慧力所在。

楼上古寨，还善于求色增美，非以实求之。白本非色，而色自生；

池水无色，而色最丰。恽寿平论画："青绿重色，为浓厚易，为浅淡难。为浅淡易，而愈见浓厚，尤为难。"古寨家园的建造，正亦如此。或于色中求色，或于无色中求色。以蓝天白云，以四季林木、田野相映衬，以无色胜有色，其万千形象，变幻无尽，皆得自然摄取之法。所谓实中有虚，虚中有实，淡而有味，厚而存浑，以得天趣之妙。故古寨亦善于无景处求妙景，无声处求希声。景中有景，楼上之大境，皆借天地自然而得之。

古寨沉稳有致，虚实呼应，大气磅礴却不失灵秀与通透。梓潼阁基园山体岩石多有突露而凹凸折叠，树木品种丰富，交错生长，或老、嫩、曲、直，或高、低、偏、斜，或聚、散、疏、密，或挤、让、占、容，互相掩映。常青与落叶并存，植被茂盛，使得山林与古寨与田园，自然浑融，不同时间、从不同方向都可观赏，加之光照侧、背、顺、逆，产生不同视觉效果，浑厚华滋，又不失空灵，仿佛画之所成。其山石之间，深浅各异，线条交织连绵，兼衬有苔点，或粗，或细，或柔，或畅，似长、短披麻，融化皴擦点染所成；有时或老或苍，黑瓦、青石、木屋，如墨的焦、湿、浓、淡、枯、润，浑然成象。有时似淡墨渲染，而氤氲天成；有时似简淡笔墨，稍加色而敷以浅绛；有时似浓墨重笔，其黑、绿、青、翠、黄、红、绛等颜色，以不同形式组合，似青绿画就，尽得自然天真。这些无不体现楼上古寨、梓潼阁古建筑群，以及基园山与田园的丰富美感，意境层深，美轮美奂。

在楼上看山如玩册页，行游其间如展手卷，在胜景突出，在多景延续。所谓静动互存，情趣各因，其中之要，必有我在，所谓"我见青山多妩媚，料青山见我应如是"，故画不加题显俗，景无点缀难明。宋元人画中多点景以醒画，以求静中之动，景中有景。楼上梓潼阁、养正书院、戏楼、山塘、古井、古桥、观景亭，无不是点景之作，亦富题跋之用。如养正书院旁所植之双桂，就是置景中点景的绝妙之笔。春可看花落，冬可赏落叶，夏可纳凉避暑，秋可玩月寄怀。值中秋夜月，于双桂树下，品茗互话，仰可赏月，俯可玩影，月光桂影，鸟语松声；再或一束朝霞，一抹夕阳，斜照窗棂，桂花香、影、光、声相交织，静中见动，动中寓静，因景生境，因境止心。

居追造化

　　楼上古寨民居保存了明末清初的风貌，为当代少见。寨中宅院多坐东北向西南，依山随势而建，层叠错落。楼上古寨整体风格显得素朴、精致又儒雅，承载着远古以来的审美追求。其抑扬顿挫的起伏变化体现了独特韵律，就像由箫或古筝奏出的曲子，余韵悠远。建筑装饰，崇尚本色，风格简洁明快，工艺精湛。

　　楼上古寨的建筑构造了一个独特的生命宇宙，是一个意义的世界，具有永恒的价值性。整个村居是宏大的叙述，以大开大合的气势，表现宇宙生生化机，而每一个庭院就是托起生命关切的符号，有很高的历史价值、人文科学价值及环境与建筑艺术价值。

　　楼上宅居建筑是周氏家族最考究的建筑样式，其审美中含摄着周氏家庭世代的生存智慧、审美理想与勤俭之道，所构筑的环境，是承绪天人合一、道法自然、返璞归真之思而构建的涵摄精神与心灵的空间，是与山水相望，与田园相生，与树竹相守的完美统一体。其文化的追求与指向，审美的艺术与品格，是家园向园林的拓展与塑造，其中生存宜居化的家族情怀，强烈渴求家园理想的意志，皆体现在人与自然相生相化的人文精神中。

　　楼上古寨建筑，是岁月的痕迹，是文化的载体，是生命的涵蕴，是历史的篇章。它代表着自身发展的历史，曾饱经沧桑，现更显平静自得，优雅从容。从观景台上俯瞰，那青山田畴、黑瓦木屋及回环往复的巷道，纵横错叠，相连相通，犹如一座天然寿字迷宫。远山绵延，河水逶迤，田畴参差，树影婆娑的山塘，翠拥着的戏楼，自然的宅居，庄严神圣的梓潼宫，以及古老的楠桂石桥、天福古井，俨然一幅幅美丽的画卷，更像一座露天的古代建筑博物馆。从古寨耕读历史来看，建筑是周氏家庭的居所，有着家族独特的文化传承，有着生命理想，更有着属于家族的性格与气息。

　　楼上古寨的建筑，其艺术理想是追求浑然于无迹可求的秩序。欣赏楼上古寨，就像欣赏中国画所带来的愉悦。它特有的气质和韵味，它的屋檐、院落、巷道与古树所显现出来的线条与轮廓，交映而成起伏、转折的节奏律动，戛然独步，微茫难测。它浑然的秩序，大居无隅的内在合一，以及它感知审美的智慧，如同一部浓缩的家族记忆和耕读不辍的生命乐章。这里有无法洞见的深沉哲思，有难以触摸的心灵悸动，有袅袅炊烟般的遐思，也有慷慨的历史悲歌，仿佛将耕读的全部记忆凝结成浑厚与深邃。

　　楼上在家园建造的审美观照中，借景观心，以心会境，以境润心，从自然适意的耕读生活中，滋生出一种赏心悦目的美妙境界，涵摄着生活的情趣，悠然意远，既进入了心与家园、山水相融相通的境域，又没有脱离对现实生活的感悟和对理想生活的憧憬，从而获得了身在山居，亦乐在山居，更胜似山居的境界。

　　楼上家园之居，可谓极具意境之美，正如村中建筑门联所道：

"滚滚山泉惊午梦，幽幽庭树畅生机。"通过家园环境建造，而"立象以尽意"，使庭院时空之外，有无限延伸的"象"，以实现超越有限，达其"境外之景""味外之旨"，从而获得审美化的意义。

楼上周氏家族既崇尚道法自然的老庄思想，又信仰佛禅之理，而道家思想和禅宗哲理，通过古寨及家园建设，最终都与崇尚自然本性和充满意境的诗性融为一体。

楼上村居环境是通过意境来表达的。唐代诗人王昌龄总结道"诗有三境：一曰物境。欲为山水诗，则张泉、石、云、峰之境，极丽绝秀者，神之于心，处身于境，视境于心，莹然掌中，然后用思，了然境象，故得形似。二曰情境。娱乐愁怨，皆张于意而处于身，然后驰思，深得其情。三曰意境。亦张之于意而思之于心，则得其真也"。

从美学意义上，王国维曾经把意境分成两类，即"有我之境"和"无我之境"。他认为："'泪眼问花花不语，乱红飞过秋千去''可堪孤馆闭春寒，杜鹃声里斜阳暮'，有我之境也。'采菊东篱下，悠然见南山''寒波淡淡起，白鸟悠悠下'，无我之境也。有我之境，以我观物，故物皆着我之色彩。无我之境，以物观物，故不知何者为我，何者为物。"古寨家园的诗情画意，即有诗与画之境界，全在实际景物中得出。"景露则境界小，景隐则境界大""借山须随势，裁树不趁行""亭台到处可容月，瓦屋虽多不碍山"，此虽古人咏景说画之辞，而楼上建造家园之法亦同，而意境自出。楼上村居环境，其空间的诗意，素朴的诗意，岁月的诗意，耕读的诗意，就是其意境的表达。楼上家园之境，在树根盘石，在古巷老屋，在古井流泉，在田畴层递，在夕阳鹤归，在山腰横岚等一系列意象之中，也在这些意象之外："梯田鹤影闲相照，竹径泉声静自来。老树庭中愁日暮，红霞院处逐云开。"处身于境，视境于心，粲然意象，令人驰思与神往，深得其境外之味。在楼上，其家园可谓"远岑遥遥现，烟云叠叠吐""云影暗茅屋，村烟并翠微""春色晴阴多，村烟早晚约""瓦屋层层错，村烟缩缩开""家家占山色，处处分鸠声"，既有以我观物，也有以物观物，更有物我统一。楼上古寨家园的诗情画意，甚有诗与画的境界，全在家居及环境建造中得出，在遵循道法自然中得来。"因山随势居""借地种树竹"，自然形成寨居、树屋、田林的统一体，使"树高到处可容月，瓦屋虽多不碍山"，而意境自出。

从楼上山水田园中，亦能见出中国山水画的意境，正如明画家李日华在《紫桃轩杂缀》中所说："凡画有三层。一曰身之所容；凡置身处非邃密，即旷朗水边林下、多景所凑处是也。二曰目之所瞩；或奇胜，或渺迷，泉落云生，帆移鸟去是也。三曰意之所游；目力虽穷而情脉不断处是也。然又有意有所忽处，如写一树一石，必有草草点染取态处。写长景必有意到笔不到，为神气所吞处，是非有心于忽，盖不得不忽也。其于佛法相宗所云，极迥色极略色之谓也。"古寨之美，由丰满的色相达到最高的心灵境界，正所谓禅境的表现，层层境界，以此为归宿。

楼上古寨这家园之境，正如"儿童归牧看云去，月落山间无处寻"，朴而不俗，淡而有味，是为望境。这种意境因情景不同而异，其与古寨所现意境亦然。

这种由醒然在目的"物境"到触景生情的"情景"，再到感悟心灵的"意境"，正是楼上古寨与田园山水综合一体，层层递进的美学意蕴所在。这种以物为基础，又得以超脱的心态和神韵，从视境到悟境逐渐递进的过程，与道家哲学的"物我两忘"和禅宗思想的"即物本无"的观点是承绪贯连的。

楼上古寨是文心与画境相结合的艺术，是山水诗、山水画意境在人居环境建设中的具体体现。正因为将诗画的意境引入家园的建造中来，才使古寨在摄融山水美景的基础上，充满了诗意的情怀和理想，犹如一幅幅绘画作品，经过缜密的思索和布局，融合深刻的思想和巧妙的技法，构成了一首首和谐臻美的诗篇。

陈从周先生有言："山不在高，贵有层次；水不在深，妙于曲折。"楼上山水之胜，亦多此特征。这里峰岭多变，在于起伏奔趋，在于深秀蔚然。就这里的山水而言，有山有水有云烟，可谓春山烟岚如幻，夏山苍翠蕴藉，秋山明净阔远，冬山萧寂沉静，集形、色、声之美，汇历史、人文、景观于一体，可诗可画。

在"楼上十二景""㵲峡河十二景"的文化景点中，体现了栖居环境的诗情画意。楼上之景，概乎其中，有树、有石、有墙、有山、有水、有云、有影、有声、有朝晖、有夕岚，皆天趣所倚也。从中我们可以理解，楼上周氏家族这种融入自然，宁静而又丰富的耕读生活，与纷扰烦躁的世俗，恰好形成鲜明的对照。古寨用建筑、田园将其心灵、意境表现了出来。不难想见，古寨十九代人在与自然的关系中包含着丰富的生命意蕴。

楼上家园建造，山水相依于田园、田园层接寨居，阁亭置于胜景，使寨居、田园、山水融为一体，体现人与自然的守望、和谐之境。这种思致，反映了文人的栖居态度，以追求精神为主，希冀从物质空间中寻找精神的寄托，是"诗意栖居"的升华与完美演绎。所呈现出来的村居、庭院、亭阁、村巷、田园、林木等，无不是纯一、简远、素朴的自然之境，也是当代人极力亲近的对象。

楼上古寨如画之构，气势完整，韵味隽永。曲水轻流，峰峦重叠，楼阁掩映，木仰花承，皆非孤立，亦在乎各种手法的恰当运用。色泽由绚烂而归平淡，无中间之色不见调和，画中所用补笔接气，皆为过渡之法，无过渡则气不贯。虚实之道，亦在乎过渡得法。古寨楼屋参差，高低起伏，阔畅逶迤，处处皆有散落树木、巷道、基墙等过渡之笔，景不尽而韵无穷，实处求虚，正如曲求余音，琴听尾声，能察及次要，又重于主要。

画家有言："实处易，虚处难。"楼上的美妙之处，在于借用漻嵲河回环之后，簇拥汇聚于此的山脉所形成的一个足够开阔的空间，使得楼上之景无论从东南西北，或远，或俯，或仰，都显得有层次、有空白、有起伏、有节奏、有回旋、有往复的意象空间。这是因为实处如房屋、田畴、树林、河流、山脉有着笔墨形迹可寻，而虚处随着四季的变化，烟岚、雾霭、春雨、夏云、远黛、近翠、朝阳、夕照、秋灿、冬明的玄渺玄秘之景很难一一收摄，构成了难以把握的虚，但这虚处不是空虚，是更加丰富的意象，此即虚中蕴含着实，实外有虚。这样不仅是实中有虚，而且是有大虚。而虚中之实，却有大实之境。这样虚中之实有，而实中之虚也生，每赏一回都有意料之外的意境。

古寨建造，是对东方空性原理最简洁、最有哲理的表达。所谓空性是指相依相存，相待而有，是有功能的空；也指净洁、澄明、灵明的心，或是所有事物的根本澄明；否认事物的独立存在，强调一石一竹，只有在周围设置虚空，才有气韵流动，焯焯焕发出美来。所以真正美的音乐——希声，真正美的形象——无形。无意间，楼上古寨建筑触及了艺术哲学最迷人的难题，有一种绝对的美，一种立象无形、美在意境的妙造。艺术倘若有形，就达不到绝对的完美，这就是古人有"悠然见南山""坐看云起时"意境的一个原因，仿佛"山中无所有，岭上多白云。只可自娱悦，不堪持赠君"是他们怀着强烈的自觉，放怀天地，游心寂寥，而实现心与天游的境界一样。

周氏居所中装饰物及图案的选用，都重视吉祥，表达家族的心理诉求，强调对精神的寄托，目的是为了祈福免灾、趋吉避凶。经过长期观察、概括、提炼、简化而成多种形式的抽象几何纹样。这些纹样由具象到抽象的思维和表现能力，来源于云、水、山等自然现象和对动植物形象的想象，如动物中的羊、鹿、鹤、喜鹊等，以及植物中的松、柏、桃、竹、梅、兰、菊等都是装饰中常见之物。此外，还有文字装饰和大量的几何纹样，其形式美感表达出一定的思想内涵，含蓄地表达出家族美好的心愿和向往。这些心愿和向往多出自约定俗成，反映着人们的心态。

楼上古寨的建筑是周氏家族发展的历史，是耕读文化的记录，反映了周氏十九代人文化生活的精神特质，与周围山水田园形成相互交融，又充满温暖、可爱和诗意盎然的气氛。择地、布局、种植、审美，创造出一种天然的山水、庭院和田园。移竹当窗，分梨为院，溶溶月色，瑟瑟风声。幽居之中，修竹茗香，清闲已具。更有福者，乃为读书。一心向学的周氏贤人，把读书养性看成神圣大事。然而，翻阅他们的诗文，看到书籍对他们生活的强大推进，以至于任何诱惑都没有那么强烈的魅力；看到他们在经典中安顿精神，磨洗出一点灵光，与天地俱无尽，不为生死所侵吞，更让人感念至深。

楼上北依石佛山，南临潕阳河，其宅居建造具有山水家园的理想。这个山水家园既有观风雨、览田园的自然特色，又有培养家族贤人与独立精神的关怀。楼上古寨的家园塑造本身就指向心灵塑造，构成了家族最核心的人文存养。唯愿儿孙个个贤的祖训，已然化作周氏家族世代牢牵于心又持守不二的家族期许，化作世代不变的恒永使命，化作周氏子孙陶然相忘、心身相安的一种耕读境界。

图14 对 联 纸本 236cm×57cm

诗书耕读

　　500年前，周氏择居楼上，开启了家族的耕读理想。楼上耕读文化具有相当丰富与精深的内容，更具民族性与历史性，对当代人的生产、生活和思想都有启示作用。楼上耕读文化，是江南、巴蜀、荆湘文化与西南少数民族文化融会蔓延所形成的，呈现出多元、连续，层面复杂、浑融的特点，是人与自然环境、社会环境相互作用的一个典型。耕读文化在于耕以足衣食、读以养身心、人生有着落、内心有存放等方面，是楼上周氏祖先留给子孙最宝贵、最丰厚的精神资产。

　　楼上周氏家族在500年的历史发展过程中，表现出了深厚的文化积淀和丰富的文化韵致。它传承周公之礼，崇尚儒道之学，融合思南、石阡两府民族习俗。家族遵循道法自然，至公是守，耕读有则，礼让是序，睦邻友好，扶危救难等价值观念，始终崇文重教，耕读传承，绵延至今。

周氏家族世世代代以耕读传家，礼义为先，因而贤人荟萃辈出。其宽和相济，内敛素朴之美，外树勤劳之德，无意绵延成了家族耕读相守的人生发展向度。耕通过读以肇自然之性，以成修养之功，通过诗书，为自己的心灵留影，是超越耕读本身的，是生命的真实，同样是一种生命存在的审美逻辑，具有未来意义与启示价值。

楼上周氏家族耕读文化的特点，或者说有别于其他家族而言，就是十九代人始终有信仰，有敬畏之心。他们始终敬天畏地，敬万物之赐，敬祖先祖训，敬文化教育，敬耕种收获，敬乡规族约，从而敬人敬己，其生活、追求、信仰一直隐含在敬畏之中，隐含在耕读的梦想里。

在家族500余年的历史发展中，流传着许多母亲教子成名的故事。六世周易妻黄氏，是相夫教子第一人。黄氏有子女八人，孙子十二人，在她与丈夫努力耕作、全力供养、精心训导下，有四子、五孙及一婿考中秀才，因此有"九子十秀才"的故事流传至今。乾隆三十三年（1768年），石阡知府罗文思赐赠周易"名继燕山"之匾，赐黄氏"熊丸教子"之匾。

至嘉、道之后，咸、同之际，周氏家族人文蔚起，数十人列胶庠，于耕读之外，诗书酬答，直至今天仍传承不辍，留下许多诗句，足以启示后人。诸如"自是祖宗功德厚，后人依旧绍书箱""更望儿曹能奋志，乘风破浪姓名香""从师负笈常虞晚，教子成名独占先""教子断机勤学圣，择邻讲道志希贤""读书三代德垂后，处事百行孝占先""孝悌本是光前路，忠信乃为裕后桥"等等，无不为后人所传诵。

500年来，耕读的时间与空间形态是耕的守望和读的积淀。读赖耕以资助，耕由读而提升，耕的内涵、耕的智慧、耕的慰藉，皆因读而得以丰富。耕因读而脱俗、澄明、适悦，而有境界、有格韵。有读之境，才有耕之境。

耕读是一种立足于体验、沉思的生命呈现方式，一种能够融进心灵活动的审美意趣。耕读涵摄的智慧，不是人生结论，而是过程；不是观念，而是生命；不是定性的表达，而是非确定性的呈现。读将耕从确定性中解脱出来，努力去表达体悟和智慧，这样就避开了单一而年年重复的生命递减过程。

楼上首倡诗书者为六世周易。周易于读书之道，以己之心，上契圣贤；做人之道，上循天理，下宜人情，忠厚持己，直道待人，每诲子孙："以孝以友，忍让勤俭，以耕读肇根底，以礼义作门户。"《示完纳》一诗可见其持身之道：

近来式例紧催科，莫把钱粮等若何。

秋尾冬头忙赴纳，梅花春酒乐几多。

周易晚年乐享田园，诗书伴日，在其《叙事》诗中表现得淋漓尽致：

老去何曾更少郎，寿行八九意彷徨。

延年家训怀先泽，奕叶薪传裕后昌。

数亩田园沟道稳，几年书案泮池香。

儿孙满眼频歌舞，斜倚几前看雁行。

与世无争、淡泊名利的耕读生活，使周易喜悦、知足，得到圆满。实际上，周易并不富裕，还要靠劳动生活，其诗却浸润着淡泊、和平、自然的生活气息。

周易生活的空间，有性灵的自由，有人生的回旋，有生命的体验和人生的独特领悟：

近来爱试早茶汤，更喜移炉入卧房。

时寝时居天色晚，听风听雨夜深长。

周易于诗书之外，在寨纪右侧溪涧边建"听水楼"，品茗寄兴。楼上有一联："滚滚山泉惊午梦，幽幽庭树畅生机。"听水楼室内有一联为："诗书消永日，风雨送流年。"

周易的一生，有品位，有格调，有涵泳，既丰富又醇厚，处处呈现出耕读之致、韵外之旨，让人仰慕不已。

在楼上周氏家族中，诗文书画，代代传承，他们重视精神生活，淡看物质享受，追求朴实自然的生活。其耕读有寄托，其感悟可寓于诗。如周永澍《新正发笔》：

新正发笔笔生花，应手得心兴倍赊。

快意文章原有骨，匡时人品自无瑕。

于斯玉美终沾世，在昔才华不系瓜。

廊庙山林随分定，闲来把酒话桑麻。

这耕读的情怀，是自适的展现，也是对生命理想的期待。如周其继《晚景》：

正直淡心能待老，诗书礼义养身丹。

亲贤树德存仁道，敬孝守忠须作丸。

择友而交言必信，睦邻好处善当餐。

世遵先祖节且俭，安分恬然地步宽。

那种待人的宽厚，为人的正直，节俭的家风，皆是丰厚的积淀，也不断地凝聚为周氏家族的生命格调。周其继在诗中始终强调做人准则，强调人格精神。其《村居偶寄》：

君子处事要心宽，恁他摧折不动山。
所作须当心无愧，出入自有磐石安。
清风于世人多美，虚静适己吾且欢。
趋庭教子洁与俭，松柏精神难上难。

周其继一生困顿，在耕读之余，诗书佐人生，酒茶相契阔，是其耕读生活的品质与格调：

一意观书饭意浓，厨灶之中柴也空。
诗兴来时人情乱，字句颠倒境不同。
日与诸君相谈笑，夜向灯前把诗修。
问问世间何为贵，难买此身人不求。

此中之真情感慨，为发自内心之诉求，不落常调，湛湛淡人胸襟。更是一种人生的诗化，通过诗思而实现的内在超越，心中有了"一意观书"，无妨"柴也空"。这种诗意，这种境界，自然旷放。他爱楠爱竹，常常在树下竹边把卷诗书，或校研古典，或吟讽两章，挟书砚以伴孤寂，又能时时与自然交融，逸兴养性，涤荡俗肠，随缘自适，悠然忘机，以足此生：

咏南瓜

出泥不张牙，徐徐度韶华。

渐渐篱墙过，芬容足可夸。

强登数十仞，志气几倍加。

吟风吞美景，日月助精华。

咏　蝉

岸柳随风舞我墙，两蝉长鸣几夕阳。

噪断日昃天色晚，鸣从高处韵芬芳。

声声远传长亭路，漫步原韵志难量。

双栖叶底阴凉下，旭日东升鸣山岗。

　　这种耕读生活，有性灵，有思想，有智慧，有寄托，在体验中读，传达着生命的觉知。楼上的耕读最值得人们记取的不是作为隐居的乐园，而是它给人的生命的沉思与启发。即使纯粹意义上的耕读活动已逐步转向，但通过楼上村居、田园、风俗中所存留的生活品位，仍然可以帮助我们探寻其中的智慧，找寻这简单生活背后所蕴含的生命情怀，独标真性的精神。

　　耕读的本质是人与自然和谐相处，是生命贴近自然，同时也使人在耕劳艰辛之时，内在精神得以慰藉和肯定，是存在的审美样式。这种耕读中的诗意在周正典的诗中处处可见，如《布谷四咏》：

卧听山间布谷声，高低远近献殷勤。

好心不与春归去，年年秋来遍地金。

依稀梦里传佳音，布谷啁啾夜夜闻。
疑是神农仙化羽，痴情一片老催耕。

陷身布谷小精灵，恰似拓荒一哨兵。
催得秧青麦稻熟，催来处处好收成。

翩翩煞苦布谷辛，枝栖鼓舌太飘零。
平安冬去仙宫暖，托报农家满院春。

在耕读过程中，体味生命，寻找生命状态，意味着感受、体验、领悟人生的真实意义，这样才能在世俗尘缘中把握和流连生命的真情实感，如周正典的《西江月·老校友》：

小院耄龄围坐，清虚静泰亲和。学书学画学医科。一响铃声上课。
趣味轻松活泼，赛球跳舞高歌。常来老校逸情多。百岁仙翁有我。

楼上周氏家族的人生追求，就是耕读的诗意追求，其耕读性贯穿人生的全过程。它实际所指向的是一种鲜活的、生动的生命体验和存在方式，出于生命自身的需要，有超越现实的渴求如周正典的《祖孙乐》：

告老还乡天地宽，家人团聚乐心间。
琴棋书画勤摸索，衣食住行免困难。
祖教顽孙描柳体，孙背老祖过桃园。

夕阳晚景人称颂，无限风光涌笔端。

这些曾经出现过的生命过程，包含耕与读的生命省思，这样的省思，蕴含古朴、真诚、坦荡、豁达的为人处世之道。

在楼上的耕读文化中，除了诗书之外，还有对联。在周氏家族的堂屋内，经常看到古老的匾额和中堂中的对联。这些匾额、对联皆与家庭历史文化有关，其内容多为家规祖训，或修身治家格言，内涵丰富，意境深远，最直接反映家风。这些匾额、对联经过十几代人的传承、发展与丰富，已蔚成大观。同时，也包含着家族生活的诸多内容，有着浓郁的耕读文化特色，是其家族独特而深厚的历史文化缩影。

楼上周氏家族，乃周公之后裔，虽不源于周濂溪之后，却始终绍其学问文章之故，而称"濂溪世第"，并将"宗传姬旦家声远，学绍濂溪世泽长"作为香堂对联，以期家声远播，世泽绵长。

耕足衣食，读治身心，一边耕种，一边读书，使耕读得到充实与雅化，使现实与理想在向往中有期许。这是一种在物质意义与精神意义上所拥有的耕读之境，正如养正书院中的对联：

半耕半读且从容，有田园书斋，将身心收放；
可春可秋非寂寞，共白云仙鹤，任意气舒张。

耕读文化是中国传统文化的特色，是中国农耕时代的文化产物。周氏家族，在500多年的岁月中，始终坚持读书养心，立德树贤，以求人格之品，精神之富，生命之实。如周百川堂屋对联：

食性谙侬，青玉案同千百味；

书香启后，郁金箱贮十三经。

唯以读书为生命的延续，为风雅生活的极致，强烈而执着，并赖此来创造、充实一个不为现实所拘，处处有着天人合一的意境，宇宙自广的世界，为精神的寄托之所。

这适性乐居的环境向人们展示了一幅山居的美画图。如周正芹堂屋中柱联：

山色映帘，自是天开图画外；
水光入户，分明人在玉壶中。

在耕读中，崇尚人与自然的相守、相望、相融、相生的境域——天人合一的生命意识和宇宙意识。即人的生命与自然是融为一体的，人与环境的关系是具体的、直接的，是以彼此之间的守望关系作为基础的，以自身适应自然，并接受自然的感应来获得人与自然相统一。其耕读的时间与空间形态，由耕的守望和读的积淀交织而成。向生命深处用心，实现内在超越，这是耕读精神，重生命感悟、重内心体验、重精神丰富，其要义是通过对人生的态度、对自然的态度、对生命的态度、对生活的态度，恰当把握、合理调节与发抒，来化成人生，实现容与的耕读人生。如周正典堂屋中柱自撰联：

做明白人，在徜徉中保留正气；
做平凡事，于关节处贵有典型。

周氏家族对耕读的守望如等待清风明月般期待，又如云淡烟轻般诗意。但对山水田园的守望又不是这般简单，它总是浓稠的交叠与纠结，一边是耕，一边是读；一边需勤劳苦作，一边需节俭传承；一边是深秀，一边是放怀；一边是风景不殊的体察，一边是风烟岁月的牵挂；一边是对生命、对山水、对自然的一往情深，一边是对生命易逝、对四季变迁、对家园之思的万般感怀。田园的诗意也总带着一丝楼上周氏的慨然，如此这般的守望总是要去掉肤浅与浮躁，寻求朴厚、踏实、艰辛与高华的人生韵致。

　　周氏家族 500 多年来的耕读生息，像水一样流淌，像云一样悠闲，是充满自足的和谐世界。清闲而略带忙碌的耕读生活，是容与而雅致的，是丰富而充实的，源于人宁静的心绪。这样的耕读淡到像雾淡了山色一样，将人生名利淡到看不见的地步。将有形的人生空间送到了那寂远的、幽远的、邈远的、深邃的亘古之中，如孤鸿之迹，没于荒天之外，其影绰绰，去来无踪；如太虚片云，缥缈恍惚，难以确定；如风，如云，如雾，虚无缥缈，又处处即是，才触处有，一放手即无的那种"一痕山影淡若无"的耕读人生。

　　楼上周氏家族在 500 年的耕读过程和发展中同样面临着多种多样的艰难和灾难，在这艰辛、困惑、抉择、生息的过程中，经历了难以言说的痛楚与无尽的辛酸，但同时也凝聚着族人的智慧与不懈努力，演绎着耕读理想。

　　耕读并不在于创造一种诗意的氛围，而是在淡尽风烟中，有生命精神的内在流动，有超越生存的价值思考，涵摄着一种超越历史表象的深沉。它不是对传统延续性的强调，而是具有非历史的历史感引发，将个人的生命体验、生活经验放到宏阔的历史中，变生活叙述为生命叙述，变个人叙述为家族叙述，变家族的故事为永恒的纵深。能够将山水田园之美、耕读生活感受一一收录在诗文对联之中，或记之于心，或挂之于堂，即使足不出户，也能体察山水之乐，陶冶人之性情，这便是周氏十九代人耕读不辍之故。

耕读是楼上周氏世代所守，因其耕读而保持着敦厚朴素、平淡秉直的人生，将人生与生活平淡着看、比较着看，将耕读超越着看、通透着看，将视角摄向人生根蒂之处，以体会独特的生命感觉，以人生、生命来印证耕读之境，体验超越的情致，将时间超越，将耕读置于迥远之上，几百年如一日：逍遥耕种一闲身，花落花开春又春。唯有阁中双桂月，于今曾照百年人。

在此耕读中，翳然林泉，幽居一心。每家院子里都种着或橙或石榴、李、梅等果树。天福井外的闲田里有荷花，在和风中娉娉婷婷地舒展着花苞，密密匝匝的莲叶掩着水面。夏日明晃晃的阳光洒满了村落，砍柴、割草的人回来时，汗水濡湿了衣衫，可走到古井边，却是沁人肌肤的清凉，自有一种静穆之致，令人矜平躁释，清虚和融，一种水流花放，自自然然的千古不磨之美。高骞远逸，享受着耕读，吟玩着耕读。这种从耕读里求精神，可以说宕延着几千年文人企求实现的真正隐逸式的纯耕之境，此等耕读让子孙告别随波逐流的庸俗、随性占有的贪欲、人云亦云的附属，从而获得身心皆修、身心皆宜的洒放与从容。这或许正是楼上周氏家族世代的人生望境，守望了岁月，守望了人生，守望了田园，守望了楼上 500 多年。

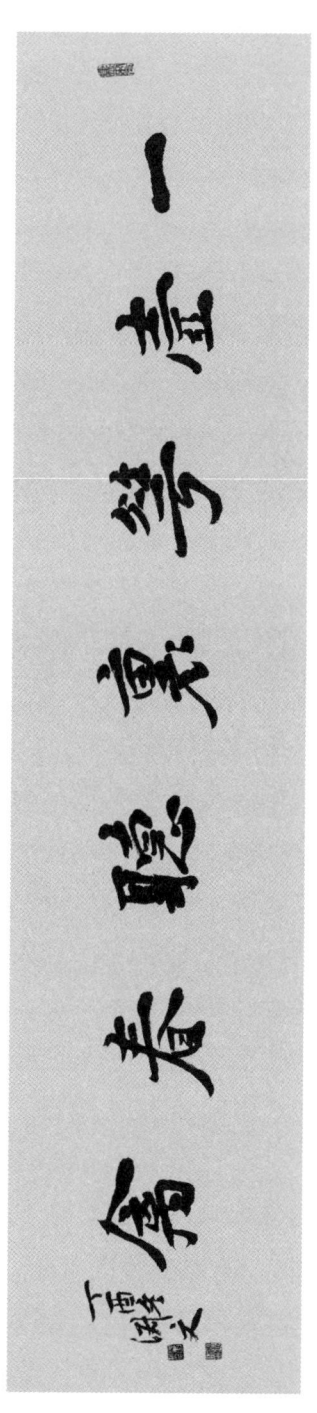

图15 一壶花里听春禽 纸本 17cm×137cm

茶韵无声

　　耕者爱土地，读者重诗书，贤者喜欢宁静淡泊的"古意"境界。古寨农人喜欢古文诗词，尤喜古今对联中的逸闻趣事，这是楼上周氏家族耕读生活的诗意。耕种、读书、养心、喝茶、会友，是周氏耕与读的基本生命情状。年年岁岁，周氏子孙在农忙季节，勤劳耕作；在农闲之时，炖一罐老茶，一边读书悟理，一边闲话农事，有时也意趣滋润地品味四时山色，洒脱自然地生活。这充满诗意的生活，正如海德格尔的话，诗意是人类栖居的本质，只有充满诗意，才能使人作为人而在大地上生活，从而让栖居成为安居，让田园成为家园。

　　说到楼上，我想总归是少不了耕读诗茗，那是以天为盖，以地为庐，有耕有读，有诗有乐，有茶有友的生涯。家族以读书贤人，形有逸气，腹有芬芳，是诗人，又是茶客。试想，午后静坐小院，花荫之下，待老茶炖酽，倒入老碗中，醇香满院，慢慢喝下，从喉咙顺背而下，温润通透，让人回味难忘。这况味，未能明辨究竟是花香，还是茶香。

自明清以来，楼上素以罐罐茶而闻名遐迩，也以饮茶、品茶、赏茶为尚。苏东坡诗"从来佳茗似佳人"是楼上茶文化的真实写照。天福古井泉水炖罐罐茶，是楼上周氏家族独享的天赐："茶亦醉人何须酒，书自香我何须花。"

楼上周氏家族自来此后就有饮茶习惯，每家都有自己的茶园，对茶也格外情有独钟。无论春夏秋冬，每天必饮，代代相传，无论走进谁的家里，他们都是用土罐罐煨家里最好的茶来招待客人。每逢清明前后，走进楼上，可见其遍布枝叶繁茂的茶树，鲜嫩的茶叶，茶香弥漫，让人神清气爽。

楼上周氏家族饮茶，讲究人与自然、人与茶、人与友相契。在世俗人眼里本无奥妙，但在楼上耕读家族的眼中，却是最好的滋味。

楼上摘采茶叶一般在清明、谷雨时节，茶梢初露一芽一叶即可采摘。对楼上人而言，一是尝鲜，更重要的是贡奉祖先。周氏家族每年新茶必贡之香堂，清明祭祖必贡之宗祠，每年除夕之夜，于凌晨必去汲泉炖茶以作开门迎神之礼。谷雨采摘，名为"苦茶"，其味更淳厚，更有回味，大冬天喝上一碗，从头至腰部背贯通而下，通体暖融，能让喉咙生润，神气内蕴，有难名之妙。

周氏最在乎那一杯醇厚的浓茶，也讲究喝茶之境。茶有不同，境有不同，人有不同，水有不同，心有不同。茶味悠悠，心也悠悠。

梓潼阁树木繁盛，阁院清幽，是极好的修行之地，也是品茶的最好去处。而梓潼阁两侧的厢房，大约是寂静中的静寂，应该是不染俗尘的人间绝境，若非雅士不可领略其境界。这正是所谓品茶因不同的境地、不同的意绪而感悟不同。

楼上周氏老少爱茶，亦谓茶能修身，能正气，能养性。存一罐老茶，一壶浊酒，唯愿与知己同饮。现在楼上喝茶仍秉承古意，又往往有所创新，但终归延宕以茶会友、相契相阔的初心之道。

古人云，壶小乾坤大，茶中日月长。茶之色、味、雅、韵，春秋代谢，日月田畴，文人清气，耕者自适，尽藏在这茶罐里话古今。在农闲时，犹自平和、简淡、舒缓，更带有文人散漫的心态。

老子曾说过："埏埴以为器，当其无，有器之用。"而炖茶又以土罐罐为最佳，水沸，罐响，茶香，百世况味，尽在其中。这茶罐中藏了太多的日月春秋，藏了太多的生命年华，也藏了太多诉之不尽的故事。楼上这古茶罐，外形古朴，内在往往大度雍容，正是古往今来文人们无限向往的人格魅力。不戚戚于贫贱，不汲汲于富贵，既出世又入世，既是孔孟，又是老庄。

在楼上山水美景中，欣赏体验，可以实现与造化同流，而得以广大和延伸。这是身心的安顿，并不在意一般的审美愉悦，而力图超越一般意义的境界。这也使身心舒展，在超越之中，获得深层的生命安慰和心灵寄予，蕴含着生命本真及心灵深处的无限和博大。虽然楼上处在一个偏远之地，但因世代耕读，精神追求是高而广的，其内在的体验又是丰润圆融的。

楼上村居虽然是寂静的，但偶然的情韵、悠然自得的心境，可以游于天地，得境中之情，得境外之意，更是一种心灵之境，使人生之境可嚼出无穷的生命意味。周氏实现这样的转变，就在于耕读之外，有茶饮之道，使心灵得以拓展、放逸与超越，正如楼上茶士所言：

养正堂中自煮茶，木樨花外紫薇花。
地偏心远聊为隐，院敞情宽且弄霞。

雅士奢谈添古韵，良朋瀹茗尽高华。

一芽两叶才新绿，可是明前采那家。

唯有如此以茶会友，畅叙相契，人的内心才能真正从茶中品味自身，以直接面对自己的心灵和融于这清幽素雅之境。在这里静静喝一罐茶，开卷消忧，便可度半日的时光。

淡泊以明志，宁静而致远，是古人的情怀，也是楼上周氏子孙现实生活的态度。耕与读、诗与酒、茶与话，让人透明清澈、豁达坦然，接纳人生的一切遭遇，肯定生命自身的价值。周氏家族以此为向度，参天地而载化育，发显出生命应有的智慧，使生活更本质，更具觉性，更有韵味。

在楼上，农人因茶而契之于心，能做到听而不取，闻而不执，味而不求，能而不逸，思量而不迷惑，淡尽种种熏染、成见和情绪困扰，过闲适的耕读生活，保有率真、茶化的人生。

对耕读的守望期待到极处，便是一种专一。生命需要一种内在的沉静，可以从容淡定地接收和整理一切外来的感知，人才觉得自身具有一种连续性和完整性。而三五友农，邀聚喝茶，互道桑麻，便是心灵的修养和沉静的形式。当心灵因充分闲适在内赏和沉思中时，便没有恨、没有怨、没有牵挂、没有烦恼，并且真正回到自己内心，这样品罐罐茶就是诗意的人生体验。

领略生命本体的意蕴，须有闲情逸致，从实用的功利目的中走出来，在审美的世界中驻足、领略、欣赏，做一回闲人，以体验明代归有光所说：

借书满架，偃仰啸歌，冥然兀坐，万籁有声；而庭阶寂寂，小鸟时来啄食，人至不去。三五之夜，明月半墙，桂影斑驳，风移影动，珊珊可爱。

这"闲"既包括不太为生计发愁、劳碌，又包括不为名缠利索，而是心灵相对超脱、拔俗。围炉炖茶以夜话，是周氏耕读生活中内在的自适、自乐、自闲、自赏的心境延伸。

耕以足衣食，读以养身心。这是楼上周氏家族，以耕助读，以读美耕，耕读互济，世代相循以守的传统。其外在的耕读，是写实；内在的读养，是体验。耕因读而变得更具情趣，读因有茶更富雅致和人文气格。正如明代李日华所言："风状物者，得其形者，不若得其势；得其势者，不若得其韵；得其韵者，不若得其性。"周氏家族，耕通过读，得其韵，读通过茶，而得其性。耕读之韵，耕读之性，由此而生；耕读精神与耕读品格，因此而始。

无心随去鸟，看枫待鹤还。山色因楼上而生，田园与楼上并一，楼上有大美而不言。当走进楼上古寨，时间凝固了，心灵从躁动中归于平和，一切目的性追求被悬置，人在无冲突中自由显现自己，一切撕心裂肺的爱，痛彻心扉的情，种种难以割舍的拘牵，处处不忍失去的欲望，都在这种宁静中归之于无。

"此心初无住，每与物皆禅。"其心灵无迁无住，不黏不滞，不将不迎，时间因素荡然隐去，执着也烟消云散，此时此刻就是永恒，就是太古：远山遥隐现，白云自吞吐。田园惯逢人，心静疑亘古。

周氏家族，通过耕读激发、美化生命，实现身心与耕读相交融，是把耕读诗意化，在平凡、有限、转瞬即逝的生命过程中，找到人生的状态、精神的境域和生命的意义，让生命沉醉在自身的丰富生活之中，充分享受耕作、收获、读书、品茶、赋诗等快乐。

楼上仿佛是山水与周氏子孙之间的精神对歌，世世代代的饱游饫看，从自然那里得到回应，与古人那种"情往似赠，兴来如答"相媲美。这是中国传统文化的审美理想和最高境界在楼上周氏家族的生发和演绎。它不仅浓缩了中国传统文化的全部特征和精神的思想，也使得村落能够感受四季不同时序的农作物，与山水一起守望。尊重环境，顺应环境中的各种关系，追求人与自然的和谐统一，就是一种典型的大生态之美。

楼上周氏家族500多年来的茶文化早已突破了传统习俗，向着家园理想走去。它将家族十九代人领入一个适彼田园的世界，仿佛有限的生命经过茶的回味与滋润，就变成了迷人且令人沉浸的心灵领地。而且，伴随着历史远去的耕读文化，楼上将成为未来人们所企望回归、追求的远离喧嚣的一种样式与形态。在那相望相安的深处，总有一个远方的、未来的家族兴盛与恒远在期许。

对楼上耕读文化的深度和丰富性，虽不能完全诠释，却有幸感知、领略，实为偶然与缘分。栖心这山水之魂、之骨、之神的真谛所在，亦是其造化之功之所在。

历史感怀

 据《楼上周氏宗谱》记载，至四世周国祯时，因历经人生的起伏与沧桑，面对家人与家族所受的不幸与灭顶之灾，晏然所悟：原来由家兴到家亡，也包括一种难以逃避的必然。于是他将生命情怀，化为对耕读的持守；将家园情思，放入对家族命运的叩问之中，并训之为"不愿儿孙去做官，唯愿儿孙个个贤"。此训，是历尽伤悲后的觉知，觉悟了别人所不能觉的或所未觉的，有深刻的悟性，有恒远的取向，有永恒的视角，有不同于其他言辞的深厚与简约。这样的家训让家族获得精神的纯净与淡远，使家族从此绵延。这样的耕读理想，既简且远，既淡且真，有闲适之态。在这样的耕读思致里，语言遁去了，权势、利欲淡尽了，一切人世的分别与纷争都隐退了，唯留下耕与读的絮语。

 每当我穿行于梓潼阁四方古墓时，便与周氏传奇相遇相行。四世周国祯这个名字早已深深刻入周氏子孙的记忆里。由周国祯开建至今保存完好的梓潼阁，分上下殿，既不算壮观，也算不上夺目，却屹立在这里经受了几百年的风雨，让人油然而生怀古之幽情。

历史总是以各种维度帮助我摘取周氏沧桑的家族记忆，但也使我所感触升温的记忆少了一定的完整性，只能自己在心中默默地接续。从泥土散发出的浓郁气味中，从无法忘怀的历史叙述里，依然可以闻到那曾经的不幸与苦涩。

据说，从20世纪80年代开始，古屯的石墙被拆来修路、建房、砌坎子。这石墙成了天然的石料场，历史的厚重就这样被剥蚀了。如今荡然无存，只留下回忆与怆怀，那是古寨人曾经的心灵依傍，也是其人生的着落。

往昔屹立于玉屏悬崖上的倒栽松，现已成为周氏家族精神深处的记忆，是那般神圣与不可取代。它在每个周氏子孙内心的丘壑上屹立着，特别是在他乡感怀处、在岁月眺望时。倒栽松如今历经风雨，只能以颓放的姿态求得自我解脱，在高古旷逸的情调中完成其精神塑造。倒栽松包含了周氏家族独特的现实与心灵的周遭，蕴蓄了周氏家族历史的疏影风骨、昂然挺立的文化品质，并滋生着一种责任与使命。

古寨的建造，不论是一块毛石还是整个巷道，不论是具体到一棵树的保护与栽培还是整个生态环境，从一家一院到整个古寨都体现着自然朴拙的心性。古人云："率真则性灵现，性灵现则趣生。"由于心性所至，古寨中一石一树，或曲或直，房屋檐瓦之间衔接穿插，犹如创作一幅田园山居图，古寨由石、木、瓦、树所构成，巷道、庭院、木屋、青瓦、树竹之间含有趣、谐、韵、远、致、逸、意、味等因素，古寨把石、木、瓦、树等材质形态与天赋审美心性融为一体，而成为田园山居之美的重要特征。

楼上500年有道路选择、有思想引领、有祖训相循、有族规以守，也有代代不已的文化赓续、文脉传承，这成为楼上周氏家族的血脉和基础。它所承载的，是耕读有序的"家族价值"，是立足千年传统的"道法自然"。这样的传统文化，是楼上周氏家族安身立命、发展绵延之源，亦是面向世界、走向未来之本。

500年来，楼上周氏家族的耕读，是一种此身已悟，族心如许地栖心在一个宁静而美丽的世界的守望。结撰这样的世界，有月痕初上水溶溶之慨，有一湾白云耕不尽之美。其耕读的展开犹如水中之月，通明透亮，荡去欲望的占有，置入耕读的把玩。有禅味，如流水，不黏滞，不停留，有情趣，有执着，山自山，水自水，鹤自飞，花自落，这就是耕读。楼上500年的耕读，永远是一种期盼，一个心如流水的世界，心灵自由自在地漂流的家园。

从楠桂桥望出去，一片豁然开阔的田壤平展地铺向潕岤河，淡淡的雾岚从河面上升起，在河对面的山间飘浮。远处的印把山，静静地矗立在潕岤河边圆田旁的云岚上。从西边拥簇而来的山峰，至此似乎放慢了脚步。印把山直上蓝天，倒也有一种超然物外的感怀。

楼上古寨向我们显示了四季之中最丰腻的饱满，在古寨前面田园边带着夕阳余晖的楠桂石桥旁，一路牛羊归来，那正是与家园相望、相守、相生的境域。夏日在田埂上，一边看稻谷抽穗，一边看云中鹤归，享受着微风下的清香，也搜寻着诗意，有说不出的畅爽。

曾几何时，在夏日夕晖下，写生之暇，坐在层叠不尽的田畴边，看稻子抽穗，听蛙声虫声相应，享受微风拂来的清香弥漫、浸裹，有说不出的安逸。秋天，写生归来，在梓潼阁院中桂花树下赏月，有一种清雅、醇和的美感。静静等待月亮从古树枝丫间升起，一边瀹茗，一边等待，也是难得的闲适与清明，犹如一首意象丰盈的诗，让人凭空生出许多遐想，更增添一份不愿放下的乡愁，总想把这些挽留于记忆的深处，但他们却随着时光变得模糊起来，越来越难以捕捉，而今只有在沉浸中，才能掬得一点儿如初之美。

站在古屯观景台俯望楼上古寨，但见村落与树竹交掩，梯田向村外延伸，山岚从河底弥漫，远山在夕阳之外，格外深秀。在环绕古寨而递远的田野上，不时有鹳鹤、鹬子、秧鸡翔集，安详而自在。看到此时此景，人的心情也平静而闲适。

如今古寨中那些年过古稀之人，仍不时参与耕种，闲暇时亦相偕散步于梓潼阁林边，一派风月亲人，陶陶自适，亦绝胜桃源之妙。每每行经此处，只若初见，却又常常在记忆中颠倒了时序，把远年之事当作了昨日的念想。这就是周氏子孙常常感觉走在记忆中，而在人生更多的时刻，又恍觉身在耕读的岁月。这是500年来的守望，守望成为心头挥之不去的念想，慢慢地成为一种思乡情愁。

如今每一次来到楼上，悠悠地走上半日，便似乎远离了那熟悉的一切，触目全是新鲜、兴奋和美好。天是透明的蓝，白云流动得使人可以忘记很多的事情，更不用说到那山山水水、阡陌的田畴、层叠的村落中去。映照着夕阳的一湾湾水、一畹畹田，美得使人心沉醉。试想，没有这意兴，生命将失去多少颜色。

周国祯建造梓潼阁，其情也深，其意也切。终其一生，其思想虽出入三教，但以儒道思想为核心这个主轴并没有改变，而他创建的家园始终带有浓厚的耕读本色和道家的色彩。在周国祯看来，人生活在世上，拘牵太多，唯有内在的生命充实丰富，才是真实而珍贵的。而人生的一切都在变化当中，没有永远的握有，种种难以割舍的利欲，像叶儿在萧瑟西风中凋零，生命应是和着宇宙节奏的秩序，而不是向大地攫取。

在周氏家族的绵延发展中，周氏子子孙孙不断地从他那"唯愿儿孙个个贤"的哲思中获得沾溉，也将永恒的敬意与感怀铭记于心。当许多周氏子孙完成了自身人格塑造，成为有耕读望境、有人生望境的贤人时，面对这片曾经付出辛勤汗水，而今又溢满耕读气息的土地，充满感动与兴奋。

在楼上，周易及"九子十秀才"的故事家喻户晓，也是人们谈论最多的。从这些谈论中，我了解一些有关周易的经历与人生以及生活中的言行与风貌。每一次听来，都觉得有一种特别的美感。周易一生，追求人生的韵致，追求耕读的诗意，追求淡泊简远的心境，以哲人的洞见，烛照着周氏家族这耕读的永恒。

古人有"人事有代谢，往来成古今。江山留胜迹，我辈复登临"之说，回首楼上500年的历史，去探寻，总有许多事迹荡涤不去，令人铭记，在未来将显示着不朽的魅力，这就是楼上文化的力量。

明清以来，周氏家族有自己独特的遭遇、激情、欢乐、悲哀，都在体验着生活，都在遭遇和命运中感略着世界的馈赠。500年来，梓潼阁建筑不断重修的历史，总是与时代大历史牵连在一起。通过梓潼阁这文化之地，楼上周氏家族坚守着耕读精神的传承与执守，秉承浓厚的文化使命感，历代贤良之辈，投身于对教育的振兴，创造了楼上耕读的传统。同时，周氏500年来受着山水田园的陶冶，与山水相亲，形成诗性般的气息和品格。而这500年，对于宇宙的历史来说，几乎是可以忽略不计的微粒；对于人类的教育历史来说，也是短暂的倥偬一瞬；但是对于需要开垦繁荣的文化厚土，对于楼上村的现代意义上的素养教育来说，就是一段承载着历史厚度的记忆。

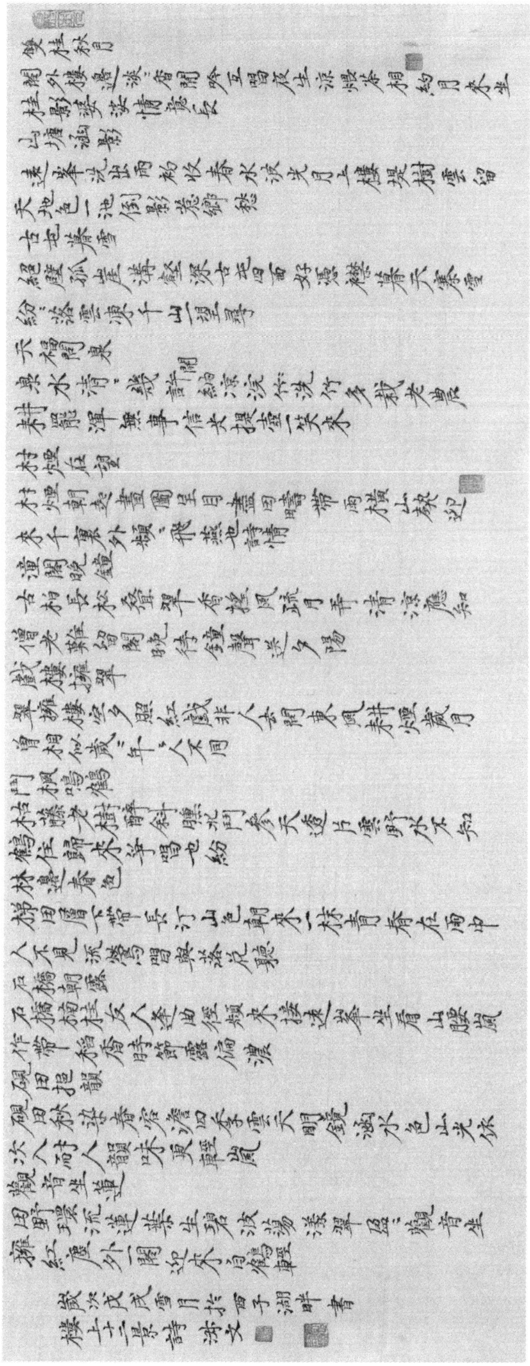

图16 楼上十二景诗 绢本 37cm×98cm

第三章

行吟楼上

与景絮语

楼上，山水如画，古木参天，鹳鹤绕树，田园葱郁，村寨蔚然，民风淳厚，美不胜收。身临其境，总能让人有临古感怀、心旷神怡、宠辱皆忘之意。

楼上，是一片洋溢着诗意的神山灵水。任何时季，潆崄风光均秀色可餐，层峦叠翠，绵延万里，群山和鸣，际会来斯。那龙卧湾中，那虎踞河上，一起守望着这片可栖居心灵的圣地。潆崄河水迂回渊澄，浩浩汤汤，如梓潼阁园林之幽径，在未穿过这奇山异石之前，你不知道前面是亭榭还是回廊，让人怀揣着神秘感而期待着。坡岸上，几株小树，矮矮临风，潇洒逸然。时沙鸟鸣空，在山间水上，出没往来。其间杂以云烟霞岚相吞吐，山必深邃古润，水必淡远迷离。

立望古屯，老屋古殿，苍松翠柏，相互掩映，一派古意盎然，趣味横生。所以，几百年来，古寨始终能安然立于此，这与她淡然处之、始终守持着一颗澄怀虚静的心有很大的关系。黄公望有言："诗要孤，画要静。"正是这颗耐得住寂静的心，才得以保证生命本真的永恒。

古往今来，世人对妍美之景都特加礼赞，总是裹挟着一颗诗思、艺术之心，或文学，古典的、现代的，或艺术，绘画的、书法的、乐曲的，无不把它们作为艺术母题，从中抒发主体的审美感受和审美趣味。如闻名贯耳的"潇湘八景""西湖十景"，这里且不看人的情感投射，单从审美角度来感受它们的韵味和趣味就已回味无穷。请允许略拨篇章以简述：

潇湘八景分别是：山市晴岚、远浦帆归、平沙落雁、潇湘夜雨、烟寺晚钟、渔村夕照、江天暮雪、洞庭秋月。

西湖十景分别是：苏堤春晓、曲院风荷、平湖秋月、断桥残雪、柳浪闻莺、花港观鱼、雷峰夕照、双峰插云、南屏晚钟、三潭印月。这些都是"景物因人成胜概"的山水人文化过程，这里不加赘述。而楼上十二景，是在原来楼上八景的基础上不断聚集而成：

村烟在望、山塘涵影、双桂秋月、潼阁晚钟、斗枫鸣鹤、戏楼拥翠、林边春色、天福问泉、石桥朝露、观音坐莲、砚田挹韵、古屯暮雪。

我们仅看这些优美的名称，便能领会里面特有的境界，感受到生命的悸动。大自然的意味总是无穷无尽的，咀嚼这些景时就如在品读一首意趣丰富的诗，如在欣赏一幅幅意境动人的山水画，如观董巨画作，一片平淡天真；观大痴画，浑茫华滋；观云林子山水，幽深、幽静、幽远、幽秀；还有八大山人那让人悚然的孤危。这些意味可以说是中国艺术要寻求的趣味，更是中国艺术的精神反映，也强化了东方民族的审美情趣，平和、沉稳、温润、空明、淡逸、高远、渊雅而精澄。

兜转到楼上，楼上透露出的是平和、宁静、温润、古雅和醇古的情意。自始至终，楼上周氏子孙朴实敦本于耕读，从中觅得和谐与安宁，使生活自然而平常。山自山，水自水，没有任何冲突和神秘，物不对我隐藏，我不对物嚣张，吃茶、看书、轻步，听鸟鸣幽谷，看古泉滴落，如此自然而平常。对此，我们可从楼上十二景中细细品味。

村烟在望。日淡村烟起，夕阳将迹去。此时古寨可热可亲，充满了柔情与暖意，微弱的余晖正从村落里一缕一缕地抽出，晖光触及的地方随之变淡缩小。在田土里耕耘的人应该都回家了吧，汗水也应该干了吧。这时坐于古屯，吹着山间爽约的风，一天的疲累瞬间殆尽。即将被暮色笼罩的古寨，渐渐变得通透明亮起来。不是月光提前散出的清晖，而是家家户户屋顶渗透出的炊烟，一齐聚在村居的上空，此景胜似云林仙境。难能可贵的是，这份淡淡如烟的清欢。夜幕慢慢降临了，这个时候大家都习惯坐于院里纳凉闲谈，一身轻松自在。不知名的虫儿也开始鸣叫了，声音如夜里的笙歌，算是慰藉大家一天的辛苦。如在异乡，这村烟怕也成了守望，萦绕心头，久久不能离去。

山塘涵影。寨中似有清泉飞出，盘桓多曲，潺潺作声，汇于村前山塘，从此便有了远山近水。塘边丛树蓊郁，春夏之时，绿意攀缘在高枝上，凌空摇曳，似寄心于云外；深秋时节，霜后林木，可谓明净而如妆；冬天，树叶凋零，古干瘦劲，尤叹沧桑之感。塘水清澄，当夕阳西下时，高空淡染薄云，伫于塘边，观树之倒影在水波如鳞的塘面，于涟漪中摇曳婆娑，有缭绕，亦明亦幻，给人以清润秀雅、冲融旷远之感，让人深刻感知和体悟自然的永恒与伟大。

双桂秋月。秋天的夜晚，天冷气清，一丸冷月当空而照，四周纤云不起，上下一片虚明。素月分晖，悠然心会。双桂树下，邀月共饮，到底何物使人醉？不得知。微风里荡漾着淡淡的桂花的清香，合着月光溶溶，心也溶溶，觉得世界变得无限惬意起来，闲适从容。在这样的世界里，没有声张，没有干扰，没有为欲望的寻觅，只有怡然与安宁，这般清韵似能够浸透人的灵魂一般。

潼阁晚钟。夕阳西下，梓潼阁周围，烟光漠漠，云影参差，山林被霞光尽染，风因日落而渐歇。偶尔高天有鸟鸣传来，那是归林的倦鸟。蔼蔼的山林中，疏钟声起，声音是那样的悠长，那样的空灵廓落，在潫崄河上空回响。梓潼阁如被深藏的山寺，是何等的幽深，把楼上也拉向了幽深，把人的心灵也拉向了幽深。这幽深之境，算得上晚霞中最绚烂之境。

斗枫鸣鹤。北斗七星树，鹳鹤筑巢树杪以宿之，可谓高树宿鸟。四周苍松、翠柏、红枫三人环抱，劲挺高参，行路蜿蜒其下。其鹳鹤鸣音若老人咳且笑于山谷中，在潫崄河山间久久回荡，在楼上的历史记忆中久久回荡；又若藐姑射山居之神人，吸风饮露，乘云气，游乎四海之外，只不过它们独游乎楼上天地。显然已将自己美的感情、生的感情移入楼上灵魂美的观照中。再经岁月多少回转，始终能与楼上谐和前进。

戏楼拥翠。楼上周氏子孙不仅在耕读中品读着人生，同样也在戏曲世界里品读着。十二景中此景较其他有些不同，仅一段戏曲就是这最醉人的景色，好似人生的缩短版，在短短的时间里演尽人生的悲欢离合，让人们多些对人生的思考与体悟，因为这一切的一切都来源于现实生活。不管在生活中扮演什么角色，在台上，都用心去演绎。

林边春色。阳春三月，潫崄河水正清清，一路迎着风踏歌而去，濯缨濯足，日暮而归。山间明月朗朗，田畴上好风徐徐，平和而舒适。梓潼院林边，秋冬骤变，现有了星星点点绿意，还带着羞涩和稚嫩，不知又几个日月交替，变得热闹而稠密起来了。竹林幽径边的花草也称意了起来，童叟几人，轻步其间，已觉有浓郁的生命气息在汩汩流淌。这般寻常情景，倒使人感觉清新、恬淡而悠远，如此意境，更是沁润人心，令人陶醉神往，耐人寻味。

天福问泉。其左右修竹，楠古繁荫。炎炎夏日，烈日久久高挂，在这烦躁的氛围中，总需有一捧清凉来浇洒才得以平静。夕阳西下，云影开始参差起来。行在田畴上欲归家的人，最栖心的事，是忙碌劳累了一天可以闲下来喝上几口凉水，清清爽爽地洗个澡，再等到夜幕降临，树影衔着素月，万物披着月光，一起聆听大自然福泽的这份清韵。也愿行在人生旅途的人，最终都有一冽清泉在等候，可憩可栖。

石桥朝露。一抹晨雾，一滴雨露，一缕阳光，一座高山，这应该就是清晨最唯美的样子。由楠桂石桥一直下到潀嵞河边都是耕作的田土，从上往下或是从下往上都是坡形。田坎子则是由一块一块的石头垒砌起来的，石头大小相间，形状各异，中间没有任何起牢固作用的东西，却可以经久不垮，一垒一垒的，极有韵味。田埂上、道路两旁遍布杂草野花，很是清新可人。盛夏是万物成长及长成的季节，白昼温度极高，空气中散发的都是干燥与火热，一天的水分供给全靠一滴滴晨露的浸润。最终，因一滴朝露，一粒稻谷、一朵微花、一棵小草的生命得到最后的圆满。

观音坐莲。疏疏落雨淡含烟。青峦横叠，淡岚轻绕山间，似乎整个世界都漂浮了起来，显得躁动与不安。在这旋舞的世界中却有一处静如莲花静开，淡定如水，闭目而坐，静静地打着禅，做着灵魂的维修。远远望去,阡陌之上，一群人手捧花瓶缓行参拜。佛不在求，只要回归本心，处处都是佛，青山自青山，白云自白云，一切都自在显现。如心有明月，夜夜都有月明。

砚田挹韵。周氏子孙既以耕读为寄为养，那么田园必然成为其耕读得以实现的主要依附方式之一。田园风光旖旎乃楼上一道靓丽的风景。放怀田园，四季之景色各不相同，韵味自然也不同。清晨看是一个样子，黄昏看又是一个样子，阴天和晴天看，又是不同的样子，快意、舒适、洁净、孤寂。三四月的楼上处处菜花开，芳香溢溢，蜜蜂嗡嗡忙着采蜜，使人再快意不过。夏日，云烟萦绕田园之中，田园本身似乎变得不完整起来，绿意却是生趣盎然；盛夏过后，稻谷欲熟未熟，平平整整，由绿慢慢变黄，由远展望，典雅而细腻。秋冬之时，田园里空无一物，田埂上草木摇落，显得明秀洁净，却多了几分肃杀、孤寂之感，这时可能也只想纵目怅望了。

古屯暮雪。冬天的薄暮，空中飘起了漫天的大雪。霎时，素雪满阶。古屯，是楼上观景最佳的位置。透过迷离恍惚的暮色，早已分不清林与长川，天地万物已然化为一体。自古以来，雪都被世人喜爱，它代表的是本色的世界。在这空无的世界里，能让人暂时忘记尘世的烦躁，产生一种超越的感觉。它的明净，似乎能将人的心灵洗涤一番，从这片白色里得到心灵的沉静与安宁。也可以说，雪的世界是一个安顿性灵的世界。特别在江南文人雅士眼里，都以雪为天工剪水、宇宙飘花，因称雪有四美：落地无声，静美；沾衣不染，洁美；高下平铺，匀美；纸窗辉映，明美。所以宜松宜竹，宜梅宜月，宜小舟一叶，行于山水中，看长堤一痕，写雪景者，盖欲假此以寄其孤高拔俗之意耳。

楼上赏雪迥然于江南，上下一白，有踏雪寻景者，或披蓑，或戴笠，或打伞，概成一景之观。王维言"隔牖风惊竹，开门雪满山"，是楼上雪景的最好写照。雪屋、雪竹、雪树、雪畴、雪原，一种寄情明洁之意，一种涤尽俗尘之美，美美与共，涤化人心。

生命及精神的本体，很多时候是通过感知自然所蕴藏的意味和更深层次的灵魂而得到的。自然将这种意味融入楼上十二景中，楼上便成了人们所追求的精神的乐土，反映的都是平常的生活、平常的乐趣，其间荡漾的都是浓浓的生活情调。这也正是庄子哲学平常心即道的实质体现。虚而待物，内通于心。周氏先祖曾有祖训"唯愿儿孙个个贤"，更是从内在精神涵养上将周氏子孙从角逐名利与欲望中解放出来，用以虚静为体的感性去观照细微生活，观照楼上自然山水之美，从中怡养一颗诗意、艺术之心，最终得到精神的自由圆足。

图17 楼上写生创作 纸本设色 46cm×69cm

与山共色

  在楼上寻山观水之间，既看到了春山的静谧，也看到了夏山的深秀与迷离，更看到了秋季时的明净与瑰丽。穿行于楼上，去看山、识山、体味山，去寻找和捕捉山水之形、之色、之气、之韵，看春色如何从一片烟雨中慢慢渗透出来，看秋色如何在霜风点染中由黄渐红，粲然成象。

  楼上周氏家族 500 年的生息，或劳作于田土之间；或砍柴割草于山林；或垂钓于潊崄、长滩之滨；或托咏乡情；或寄兴寥廓，取心冥境；或插秧薅秧时，也不忘立望东田，而心在烟壑；或烟销月出，待月而歌；或炖茶闲话。那种悠然于劳作，逍遥于田园之畔，自寓清虚，荡尽尘埃，烦嚣皆去，寄怀耕读的生命韵致，悠然自得，意属田园。

  楼上 500 多年的耕读，涵泳着原本的、初始的、朴实的美。但见得荒天迥地，一分惊悸，一分流连，一分怅惋。这样的耕读，不是消极，不是哀婉，而是从容、清远、高逸，在耕读中脱略凡尘。我也曾在"醉踏溪声去""歌伴云霞来""山风夜舒怀""云闲迷水远"的自然山水中陶醉自己，朝俟岚升、暮待月起，以获得身心的自适和对山水精神的领悟，实现与山水田园的亲和、消融，从而涤除尘虑，舒展心灵。通过这瞬间的快乐，期望达到纵情山水的瞬间永恒，在回归自然中实现其逍遥的境界。

在楼上写生，观山色之美，体四时之态，悟山水之妙，其水月朗润、松风清华、村烟缭绕、田园朝露、石桥夕晖、古井清韵、晴空归鹤、春雨绵绵、秋韵烂漫、冬雪皑皑，皆可会于心，不时奔趋腕底，可达其情性。每当我游走长滩之滨，或山映于水，或水映照人，或人与山水，与村居、田园一体，际会云岚之时，这种深秀、澄澈、醉人的山色，无不荡漾着与古人临流争概之举，无不激发与山水精神相往来的遐思。

这种沉浸于自然中的生命之美，瞩望山色，取会风骚，油然而生潇洒出尘之想，更有承接天地之心，相期古人之妙：

世人且向忙中过，楼上不知岁月闲。分明月在云深处，寻到云深载月还。

在楼上，无论是劳作于田间还是读书于闲暇，都获得了远离尘嚣的轻松，因此可以随兴表达，去发现和捕捉许多生动的、转瞬即逝的田园之情。这其中有许多因栖心耕读而引发的感兴和因四时变迁而触动的生命情怀。

楼上所居的家园，无不青山丽水，无不可借境润心。无论赏林边春花，延阁中秋月，无论登屯望远，抚今追怀，无论临流长滩，漱心潋滟，其山色岚光，皆有畅神舒心之妙。

楼上古寨的春畴，一日一绿，雨水带着绿意，润泽着寨边每一片树林的梢头，又从梢头上浸漫着寨中的每个院落。清明之后，楼上四周已是满目葱翠，翳然如覆，将寨林染上绿意。随着春深夏至，绿意弥漫，梓潼阁基园山林的古树亦随着入夏而变得苍翠，其浓荫入夏愈深，行人直把绿荫当作纳凉的去处。秋天来得骤急，一下子就把古寨周围及田边土角都染黄了，犹如月照黄昏，山的绿倏忽抽去，仅剩下被霜染成的红黄之叶。黄叶飘飘洒洒，在桂花凝香时，在夕阳余晖中，闪烁起伏不绝的灿烂。冬季到来，村寨田畴，层层尽染，古枫、乌桕变得苍苍茫茫，黑灰树枝干展向天空，接受冬天霜雪的到来。楼上古寨于此时更加深阔，仿佛冬季那峻远的深度，唯有走到枝叶尽头，春才又重来。

这里的四季总是这样分明，去来都快，仿佛几天里就换了颜色，季节变得分明，岁月却兀自悠长。仿佛那田畴的深度，那山的迷远，那水的悠长，那耕的自足，那读的养心，就这样互相守望，成就了楼上500多年的文化。

晋人陆机《文赋》云："遵四时以叹逝，瞻万物而思纷。"所道或许就是对这里一季一色、季季时新的感叹。穿行古寨之中，让人把那一季一新的分明与世事人情的变迁相互映应，会抚平不少心灵上的嗟叹。每每行经梓潼阁、书院，都只如初见。

楼上山色的青翠、幽绝、苍润、典丽、茂朴、沉静、深秀，四时美景，滋润着周氏十九代人的内心。自然山色本身特有的节律与韵致，使周氏家族在耕读的过程中，获得了心灵的沉浸、生命的体悟和人性的升华。同时，在耕读过程中激发的生命情愫和韵味，也使家族不断体验先祖那种敬天地、礼神明的庄严，以及通过耕读体验生活的艰辛与欢乐。

周氏子孙对家园的守望，于仰观俯察之间，心灵的节奏每每契合着这山水自然的节奏，实现着最本真的生命形式。正如郭熙在《林泉高致·山水训》中道出的那样，君子之所以喜爱山水，是因为山丘田园可以淡泊心性；泉瀑流石可以啸傲世俗；渔翁、樵夫、隐逸之士可以与君子之性情相谐；鸣猿飞鹤可以使人生仁爱之心。周氏子孙在心灵感应中领略自然赐予楼上的这山水美景，使生命在绵延的过程中不断纯化与高尚。这山水美景不断激起人们对生命的深刻体验，从而产生对美好生活的向往与追求。如周正典《春从天上来·楼上古寨》：

叠嶂层岩。蜿十里清流，透洗尘埃。柏老枫劲，鹤鹳群来。古寨锦绣图开。隐书香门第，巷垣在，逸韵苍苔。启交通，广肥田沃土，秀比秦淮。

明弘始迁族祖，毓衍费心裁，礼化童孩。笃厚传家，桑弧蓬矢，曾九子十庠才。叹荒年兵燹，风情荡，祖赋归来。尚悠哉。跨纪升平日，长步瑶台。

对山水的热爱与情怀已内化为一种生命情感，无论春日踏青，夏暑避荫，还是秋踩落黄，冬赏白雪，都仿若走在一条如画的长廊上，领会四季的烂漫。特别是夏季，在林中漫步，踏着一种自然的节拍，望着穿顶上方渗漏下来的阳光，看着乍掩忽现的村落所升起的炊烟，再匆忙的步履也变得低缓下来，再陌生的脚步也变得亲近起来，即使行在归途，心也始终如在家园。

佛顶山峰峦环抱，四季葱翠，体脉绵长，让四季在其烂漫的身段上尽显色彩。偶尔也能在绿树围屏的空疏处望见群山的远影。每当天晓日出时，那峰壑便先自开朗，是最好洞明的云山。站在古屯，眺望四周，诸峰缀成环势，仿佛是升向天空的一抹绿云，最能体会"悠然见南山"的意境。

"深树云来鸟不知"。在这里耕读，有一种高古境界，它似乎只对永恒感兴趣。这里耕读依旧，成了永恒，如同踏着一片云来，阅历了时光的沧桑，经历了人间的风烟，而将它淡去，淡去。在永恒面前，一切都如清风自在。对人生的取舍正像耕读一样，穿过纷纷扰扰的尘世，穿过迷离的岁月，穿过冬去春来、花开花落的季节，来到一片静寂的世界，这里的一切似乎都静止了，田园欣欣，山色蓊郁，水流了吗？又未曾流。月落了吗？又未曾落。这是一种亘古的宁静。

骋楼上之景，村烟在望，荥荥树影，田园错秀，云山际会，始终历历在目。可以说楼上古寨500年的发展历程，无不顺应这自然之美、寄情山水的闲适以及对耕读生活的恒永追求与不断期许。这种追求与期许，这种文化和心性，这种与山水相通相生、相守相望的望境，也是周氏家族对未来的守望。

楼上之美，是淡墨写出的无声诗，廓然荡豁，如太虚，如朗月，一片澄明。其孤高迥绝处，如空谷幽兰。在中国耕读历史的延续中，它很不起眼，它的谦卑和微小难以让人们注意到它，但它却散发出淡淡的幽香，似有若无，似淡若浓，神秘而不可把握。而观楼上之美，如阅西子湖，浓淡皆宜。

楼上有一种诗之竞趣，画之意境，田园之美妙，耕读之韵味，一齐融注到栖息于此的周氏子孙生命中，意绪不断随着对耕对读的理解，慢慢拓展成心灵的领地。这是心灵寄养之地，心灵在这里得以安顿。耕读对于周氏家族来说，如鱼与水、鸟与林、树与土、云与天那样，须臾不能分开，耕的自给，读的养心，年年岁岁，世世代代，充满神秘与丰富之美。

与竹从容

楼上周氏家族，喜爱种竹，房前屋后，沟边田角，均栽有各种竹子，实有渭川之盛。天地载物，花为谁春，养晦待时，读书有寄，耕作不促，品竹自适。这里的贤人，既悉究老庄之思，又博通佛理之愿，无不契合古人居处之心。

曾文正公说："居屋前后，须多种竹树，家有一种生气，人受一种清气。"揽取那一股清气，一颗闲心，日日随缘，事事任化的佳境，正是楼上周氏家族读书耕田、打扫凡心、乐居乐处的极致，更是楼上周氏家族理想生活中的一道美丽风景。

特别是古寨前后，绿竹依依，与屋掩映，与松、柏、楠相辉映，而摇之风中，四时有态，仔细观来，更是一种精神，一种品格，一种力量，一种趣味，一种追求，一种意境，一种诗意与期许，使村居更雅，更富有"玉壶买春，赏雨茅屋"的文人情怀。

郑板桥曾赞竹扫帚说："有人编缚为筝帚，也与神仙扫落花。"

又赞竹帘："此身愿劈千丝篾，织就竹帘好看花。"竹之为物，高宕自然，临风荡翠，闪闪有致。楼上古寨，在竹风翠影中，掩隐宕拂，美奂天然。倘若于此吟诗弄弦，品茗赏竹，或对景写生，会有秋水般的明洁，有追怀魏晋般的雅致，寄意遥深，妙不可言。

绝俗故远，天游故静。目所见，耳所闻，都非吾有，傲睨万物，横绝古今，不知秦汉，无论魏晋，是古寨特有的韵味。这里因山远地僻，农作尚辛，耕种之余，品茗寄怀，其诗情挥拓，文采绝美者不少；逸才藻拔，醉心书艺者亦不少，足以表达耕读的风姿。至今见留的诗抄，宅居中所挂匾额或楹联，其字词、书法之美，落墨挥洒得像写在清风流水上的文字。如：

竹间鸡相戏，寨道友人逢。树下留盘石，村边纵远峰。云闲迷水淡，心静带烟浓。寄意桃源处，风姿拥万重。

竹之形态，风姿离离，静秀依依。赵孟𫖯说它，"猗猗修竹，不卉不蔓，非草非木"。在楼上，最能感受到古人诗中所道的情怀："梅蒸方过有余润，竹醉由来自古云。掘地聊栽数竿竹，开帘还当一溪云。"

写生前后，闲居寨中，每晨起，鸟声四起，乃极静极灿烂。农人往来，稚子上学，如此景况，皆可商略诗心，亦可濡毫落墨。因思以揽山观水之情，念远怀人之心，皱就灿烂净丽之色，在竹之虚心处，在岁月渲染时，散散写出楼上耕读文化的些许品格，也是甚快之事。

记得明代画家沈石田甚爱竹居，赏竹、吟竹、画竹，将其寓居名之"有竹庄"，而诗以雅之，画以寄之。我来楼上亦多选竹居，以契仰古人。通过与竹为邻，空性虚怀，递增澄澈，遣除浮念，静下心来。更让竹声泉韵，成为每天清疏视听、置怀抱于真寂的挚友，以求古意亘深，把艺术之情、生命之真，都交付这翠竹管领，更添几分人生意境。

整个楼上村寨多竹，几十余里，家家屋边楼角，悉皆种竹，有时误入林竹之中，径折而竹难穷，出得林来，又与畴会。畴敷层接，林掩寨深，竹根窜墙，时踞颓垣，半迸出露，而竹因树楼所阻，偃蹇离奇，或与楠树、果木共争时光之态，品之有味。

有时写生归来，午饭后，困乏而入睡，醒后微风拂来，竹摇窗外，花香沁人，正如许香卿诗意当前："绕屋数竿竹，当窗几树花。睡倚半床书，醒对一瓯茶。茶香引花香，竹影碎花影。清趣春无穷，试向静中领。""坐久频移花下榻，书多更起竹间楼"。寄身在这竹林世界，追论往昔，以记流连。

竹声悟道，鹤鸣化心。生命就像风竹、鹤鸣之声。因缘来而得听，又因缘去而倍思。风竹树声，鹤惊鸟鸣，因四时而变，堪比旋律，春秋之季，风和竹荡，竹声柔和，鹤声高亢，时高时低，自然转换，音色优美，濯心涤虑，启智开悟，一定是它应和了人心对自然的依恋。

倘客居古寨大沟边上农家，进入冬月的落雪时节，每当风雪来临，于竹林深处，仿佛飞雪有声，唯在竹间最雅。或竹窗寒夜时，听落雪萧萧，摇竹瑟瑟，荡漾不已，有雪声轻似抚琴之韵，忽雪过风急，数声断竹，意参太古，耳目开涤。折竹声的苍深、悠渺，回荡为惊寂之音，倘若竹林七贤犹在，大概也会因此有感触悲怀之卓论。

据说昔时，周氏耕读贤士，多制精茗，不轻瀹试；得奇书，不轻开卷；有时蔬山珍，不轻独品，必邀贤俦知己；闻花红飘上纸窗，见绿竹叶片移上书签时，不轻拈取；即使偶拾地上残叶，也会相惜把玩，以倾听风雅在心里歌唱；茶罐竹榻，贫家风味，可凭之以品烟树云山。

正心正性，人的命运悲欢常常随心源而运，有人为外物所役，有人却能适当掌控自己的命运。世人听竹以物，楼上却能追古人而听竹以心，在有竹无竹声中，皆可闲静如水，宠辱不惊。

有时在竹边水际，静心赏会，于自然的微处裁取诗意，写出月下竹上的联翩之句；有时得以一览明月的清晖如何洒向竹林，洒向一丛丛黛色纷披的竹叶，又如何把清影投向流光辉映的竹干，最后碎满一地，飘飘晃晃，像梨花落在天福古井泉池中的点点柔波之上，悄然间，当我倚傍在古井旁的泉石上，也被洒上了一身花影。若是兴致难抑，还会入沟边竹林，去倾听竹叶上的水滴所唱出的天乐，有时偶添一声鹳鹤惊鸣，令人怀情恻恻。每每写生楼上，际会竹韵鹤声，能以心灵之声同浩荡，寂寞的生活也显得横阔、庄严了许多。

百岁光阴，万物乃天地逆旅；四时行乐，我辈亦风月主人。幸写生古寨之园，况地接潆嵲之胜，尽可傍花随竹，游目骋怀，心追古人："节序骎骎，莫负芒鞋竹杖；杯盘草草，何惭野蔌山肴。虽云数日之清欢，亦是有生之嘉话。"若能互作偕游，觞咏依然，禊集于此，以见真率之会，不让游山之乐。

从古寨楠桂古桥漫步到天福古井边，田畴寨道，溪水竹影。入古井林荫处，阳光一波三折，穿过竹叶，带着翠绿的竹色。影落在古井水池中，曼妙的变移，风情万般的几波泉水，也能勾勒出一片罕见的风雅之美：

　　　　溪水田畴，豌豌乍沉；狋狋修竹，摇影入襟。
　　　　农人何处，暮云归禽；落花淡荡，寨道好寻。

花木盈道，竹傍瓦屋；清风在怀，漫卷诗书。

鹤声映寨，人淡似菊；清泉流韵，古井天福。

竹归篾用，花归落絮，人也终归尘土。这虽是悠悠天定，但耕读之人看落花漫过竹间，却如禅在心，如云出月胁，能显现之象，未及在心中成物，风姿已然落定。

竹叶姿态秀异，如花朵旋缀于枝。当坐在天福古井旁楠竹下，一边写生，一边漫品，这种含虚之象，体质之趣，尚竹之雅，仪天之怀，每每过目不忘，珍惜不尽。有人说，竹为声之最佳，茶为饮之最清，书为性之最雅。于竹下写生，人与竹一样清，以唤出竹之精神，婆娑于万物之表："翠叶与绿云争采，楠柯与流泉竞鲜。"

但饮长滩一勺水耳，唯楼上其谁与归。长滩河左边皆田畴广隰，河边水竹深秀，芳草萋萋，时见人家隐林间。沿河顺下，悠然如得镜中。河流曲折明灭，远水穷处，爰有高山入云。

春雷昨夜，暝雾四围，晨露时滴，幽禽载鸣。言未既，清风徐来，竹嫣然而笑，如磬而听，如仰而答。正如舒芳芷在《暑夜竹间滴露》中所道："竹间无俗韵，露滴听分明。月弄婆娑影，风摇断续声。绿阴疑暑退，青琐觉秋生。纵使沉沉睡，翛然梦亦清。"尔时诗心，亦悠然得于竹林深处。

这些都是楼上生活的实录，是内心向风雅世界跃入的机缘。

图18 澧临河边 纸本水墨 46cm×69cm

图19 天福古井 绢本水墨 25cm×25cm

与物皆禅

大凡到过楼上的人，都感慨难抑，一致认为，楼上是上天赐给周氏家族的礼物。楼上的绝美景色，我们只消领略观赏，难以言喻。山色烟雨，耕读生活，周氏子孙曾在这样的气息中得到滋养，也以温和的性格，清秀的外表，与世无争的情怀，止泊容与的心境，守望耕读的未来。

今天的人们与历代的周氏先人未曾谋面，但当人们走进楼上，却能感受到周氏家族长期以来的人生态度、生活乐趣、精神诉求、生命价值与人生取向。人们仿佛呼吸着周氏家族的传统气息，濡染着周氏家族的精神理想，行走在周氏家族建造的家园与山水之间，相望相寻于周氏家族栖居的桃源梦想之上。

相邀耕作伙伴，日出而作。在烙上耕读印记的人生中，确定了自己的平凡，种着自己的田园。楼上特殊、神奇，无与伦比，与之亲近，需要以质朴的语言、沉静的心灵相交流。

走在古寨巷子里，偶尔会碰到有狗闲卧在巷子边，对路人毫不警惕，也不让道。当人注视它时，它也会抬起头向路人发出疑问："你是谁？你从哪里逛过来的？"这不得不让人感慨万千。这儿邻里和睦，路不拾遗，夜不闭户，竟然消磨了狗看家护门的警惕心，只管享受属于它们自己的闲情逸致。

寨子依山傍水，草木旺盛，泉水丰沛。不少人家门前都流着山泉水，清泉石上流的景象到处可见："纤纤流琴韵，停踬倾心听；鹳鹤飞，漫步庭，愁思萦回，一缕纷绪黏眉头，难说尽。"高山流水，花去花落，年年岁岁，无不融入遐思，逸韵全身，似这般透明无形，却可感知；似这般澄思澈澈，无以形容。走在梓潼阁北斗七枫之中，那轩轩昂昂的树身，散落下一身的月光，是为自己画下的素妆，临风悠悠，静默行走，心仿佛被澄晖罩上，感受霁月夜风之美。

这里的农家庭院、寨边、田埂，其实都与古寨淳朴相濡涵。沉寂的月夜里，月亮也仿佛在蹑足尾随。在楼上，天有天的空，似懂云的漂泊；云有云的情，也知雨的润意。那些远去的时光，无人可以挽留；那些记忆的深处，何时可以追寻？岁月悠悠，亦不过朝岚暮雨，有些过去，又怎能相见若初。时间流逝，淡去尘心，共花朝，醉月夕，握有生命的纯粹，到那时，豁然远望，可以从容地面对楼上这 500 多年的曾经。

中国自魏晋而下，艺术的理想境界是"澄怀观道"，在拈花微笑里领悟自然中微妙至深的禅境。澄怀一心而观照万物，是体悟缘起的基础，鸟鸣树摇，花开花落，是意境表现的化成。

楼上周氏家族渴望找到安居的秩序，渴望获得静美的和谐，这是无穷毅力和耐心的源泉。无论灾难是否会降临到这个地方，楼上周氏家族都能在内心创造出光线、声音和秩序，在不道苦、不告助、不言人负和人不见其所求的简单生活中走进静思生活。

苍茫无绪处，尽是生机，更见禅味。走进楼上，时间凝固不逝，心灵从躁动中归于平和，一切目的性追求被淡化。人在平静中从容显现自己。种种难以释怀的拘牵，处处不忍失去的欲望，都在这种宁静中被过滤掉而使心境豁然，实现着苏辙那种"此心初无住，每与物皆禅"的自由，一种心灵无迁无住的轻松，不黏不滞的圆融，不将不迎的恒永。时间翛然隐去，此时没有执着，唯有烟云际天，田畴村趣。此时此刻就是生命的握有，就是永恒。

漫步寻入梓潼阁上，透过树翳，古寨隐微，林石幽邃，与城市大相径庭，感慨系之："尘寰营扰，倏忽中，觉日急于梭；潼阁清幽，寂静中，便日长如岁。"循转阁之南侧，潦嵃河曲折环绕，"寨里只消风引月，阁外唯觉水依云"的慨怀也油然而生，正如朱放《题竹林寺》："岁月人间促，烟霞此地多。殷勤竹林寺，更得几回过。"

楼上这家园之境，以有限表现无限，有造化与心境交融的意境，有出尘离俗的高旷、超然空灵的思想境界。梓潼阁一山万树，生机盎然，在天然之境中让人体会着"闲看庭前花开花落，漫随天外云卷云舒"的自在豁达。或许这正是画家内心所寻求的那分"应无所住而生其心"的禅意。

梓潼阁庭草合围，老屋岁久，自然古色，一望上下，四照萧爽。当素月已上，清风拂簟，在澄澈的月光下静坐，看桂影错叠，满人襟袖；或小窗偃卧，看月光从松枝里流来，如吐苍云；或竹下待月，等叶片尽含月光，碎玉横空，清晖闪闪，恍然濯魄于冰玉秋水之中。特别是在隐没于夜色的瞬间体现出竹特有的美，月光浮起的竹色出奇迷人。这种境界，就像日光的五色宣映，融为一白，荡入空明，使"一"的哲学也沁入造园的擘画。在古代，"一"常被看作万物的本原，道的纯真粹然是一，宇宙的终极原理也是一。

走进潆崄河峡谷，左侧数峰梯次延伸，起伏耸入云中；右侧玉峰一柱，直插入云，群山合抱。从圆田坎折入沙堤，再小径缓缓迂回入深谷，坡岸逶迤交错，林木偃仰，卵石卧溪，芦草迎风。两岸山势，时而起迎，时而拱揖，时而连转折回。行进至黄蜡岩，一深潭于悬壁之下，潭下是滩，称头到水，沿河可上至甘溪。潭的右壁深处，一大偏岩洞，幽深不可测，洞外集有沙洲。据说明时，岩上有巨大无比的蜂巢，蜂蜜从岩上流下来，于沙洲上安大圆车锅接蜂蜜，直到清代中期。现悬壁上只留有黄蜡痕迹，令人不禁幽情赜远。

楼上梓潼阁，以其和静清远的品格，寄寓了众多耕读贤士的松竹风骨和远离尘俗的处世心态。而承载着楼上耕读传统文化的书院，在今日依然传递着它诚挚的雅韵和耕读的虔诚与情怀。岚气清润，淡泊悠远，寓意着一份洞彻尘世的通达。早晚鹤鸣如一曲世外玄音，将心灵安顿下来，化去心底那丝丝杂念。

在楼上梓潼阁这禅意空间里，不需提醒，人就会安静下来，享受这静谧时光。春花落瓣，秋花落朵；春之在草，秋之在叶，点缀生成的都是诗歌。这时一春梦雨，溪山飘色。花为何物，令诗人如此不能割舍，爱得如此透彻，如此深厚，达到了无缘慈、无体大悲的纯真净爱的境界。

坐在梓潼阁，无论早晨初升之日，或中午明媚阳光入林翳，或傍晚夕阳挂树，都能欣赏到树叶密丛中不同的光影效应，感觉扑扑有仙气，微风拂来，有一种生命的崇高感："一阁占尽四周景，七枫化得北斗韵。"

走进养正书院，"流连于一种古典的人文关怀"，步入"文人雅士的生活"，领略着"天人合一的境界"，这些可以说是当今社会也迫切需要的一种精神生活。

几许秋凉，一人独坐养正书院外双桂树下，在晨钟暮鼓的更替中，聆听季节轮回的虫鸟之声，看寨中花开灿然而落花悠忽，感触岁月的变迁，心中有致，能思不能言，无疑是一种哲思的寻味。一颗心就这般起起落落，任思绪蔓延，任流光自去，任白云悠悠。

楼上的建筑与生态神秘又庄严，带有提升人的性灵、超越人的文化困境的意义。当秋月初升，浑厚中仍绕峥峭，苍莽中转见娟妍，树高而风益显，林密而境愈空，意味无穷，故赏者罕睹其神秘。

超越形似，脱略自我。天地之气在氤氲，糅进了鹤声的缥缈，糅进了书院的活泼精神。当秋月之夜，于双桂树下品茗，看月破树梢，意态容与，莫不闲适。时闻鹳鹤惊呼，有如神仙之境地："月落村畴无处寻，别无归处是吾归。"

每春秋时焚香煮茗，游焉息焉，当晨岚夕照，月户两窗，或登眺，或凭栏，不知身世所在。鹳鹤随云去，修竹引风来。停云霭霭，匪今斯今。与世推移，任运而行，竹里煎茶。挈一壶酒，钓一竿风，每素月盈手，山光入怀，举杯之时，每有揽月入怀寄此身之慨。

寨边树月，古井流泉，是我明澈如洗的眷恋。此时，夜已深，心已静，一缕缕幽情飘散在皓月之中，云去无痕，月落无声，花落无影。散落的思绪，因风而逸，心中顿生寂静。在新月树梢间隐藏着亘古，谁可以撷取那寂暮的花枝，也许会在下一次的写生中相遇，那里是梦的彼岸，那里是心的归宿：

独爱村幽景致佳，云烟供养涵高华。
月移竹影乱书案，鹤借风声逐远霞。
翠色窗前好看鸟，黄昏院内可烹茶。

楼上山水我来画，从此不再走天涯。

楼上村落，无不处在山环水抱、茂林修竹之中，与周边自然要素天然融合，形成了人类理想的聚居地。其自然布局以及与自然环境的相融相生、相守相望之境，可谓匠心独运，戛戛独造，积聚着楼上周氏家族与自然和谐相处的历史智慧。借自然山水，融民居建筑、田园于一体，既有耕读生活，又寄托着祖先所崇尚的天人合一、耕读传家等美好愿望，有一种"流水远尘境，落花淡古村"的古典情怀。流水、落花是一种介质，境、怀是一份内心期怀与仰慕。

在露水滋润的明媚早晨，树木青藤上，有花绽放，有绿叶的细浪，有晨鸟的歌唱和光影的颤动。当它们细微的完美全部呈现之时，欣欣未竟的全是生命感。此时的农人也满怀信心，日争农活早完。当他们走在樵径窄仄的路上，忍受荆棘拉挂的艰辛之时，虽然身体疲累，只因内心是期许不断的。这欣欣之景便是他们往来之乐的欢歌。

《礼记》所谓声之容静，眼之容端，手之容恭，头之容直，气之容肃，在这里正是："翘首盼君来，漫随芳草路。庭阶十日前，花落共君数。"

我数次来楼上写生，饱看饫游，曾谒楼上周氏四世祖周国祯墓。盘桓于古柏夹峙延绵之道，村畴乍隐乍现，兴致旷达，神情开迪，恨不携惊人句来与山川相映发。杏花春雨，雾寨月湿，笔墨越缠绵，美得越幽怨。

对楼上古寨寻个究竟，此处或能觅得一些历史与流变的机缘。这里的代代族贤，均能敦品励行，对于家族风尚有着积极的影响与引领作用。他们的为人之道，淳朴、退让、淡定、宁静、容与，故心无系累，能一任自然，层林叠翠，凝晖郁积，超然于山水之外。

北斗七枫，桂楠并茂，是楼上佳境的风标，也是其生态的徽记。独坐披卷，不觉飘飘有物外之致，若在无情无绪中，十步九回，仿佛与历史，与山水、田园、树木融为表里，只能以天人合一来诠释。它的美在于自然与完整，性情则散溢在 500 多年的历史记忆中。

踏着玉润的青石板路，看到每一段老石墙，无不承载着从历史而来的厚度，无不透着人情与生命的温度。这一块块坚硬冰冷的石头，在楼上却是被生命所焐热，蕴含着周氏家族十九代人生命的真情。蓦然回首间，周氏家族十九代人的辛勤汗水洒落其间，滋生出美的苔蓟、藤萝与花草，兼具古雅与温婉。这里没有叹息，唯有记忆与感怀。此情此景，是真正的岁月静好，与物皆禅。

与畴相期

楼上的文化，是一点一滴积累而成的，从田园景观到古朴村居，从各种人文古迹到淳厚民风，从传统民俗到家族规约，再到社会规范。历史所积攒下的文化遗产共同凝成了楼上的文化象征。

田畴、人家、舟楫在夕阳下，诗意的气息氤氲其中，滁峪河的回旋使河面顿增空阔，将人们的期许放大、拉长。

山林中寨居，是那样的缥缈，那样的宁静，那样的神奇而不可蠡测。在山坡湾坨中，有绿树掩映，但见挨挨挤挤的庭院，清幽非常，这就是画家所谓山居了。楼上创造的是一个静谧的空间，在这里，已然释尽尘世的目的求取，唯护持一畦精神的领地。

楼上的春天，田野格外绚丽多彩。站在观景亭，放眼田园，铺展开来的，是一层层迷人的织锦，绿油油的是麦田，黄灿灿的是油菜花，都被青山碧水所环绕包裹。这一切被春意织在一起，让楼上升腾着一种透彻心扉的明丽。

每当写生遇到农忙耕插妙处，我总是情不自禁，面露喜色，自得其乐。楼上并不富饶，但那种耕读气象，春种秋收，俨然桃源牧歌，特别是割麦、收油菜籽、犁田、插秧季节，一片忙碌，正如杨万里所道出的农耕放歌："田夫挑秧田妇接，小儿拔秧大儿插。笠是兜鍪蓑是甲，雨从头上湿到胛。唤渠朝餐歇半霎，低头折腰只不答，秧根未牢莳未匝，照管鹅儿与雏鸭。"

微风仿佛欢迎来此写生的人，或抚头拂面，或撩起衣角。于阡陌之间，摘取野花，或牵攫着蝴蝶、蜜蜂，以找寻年少往事。风不断吹来，跟着风走在田野上，让人沉醉而温和。特别是春夏之交，田畴边弥漫着湿润、鲜嫩的生命气息，由浸透而融入全身，各种知觉，仿佛感受到土地化生万物的力量，让人领承那滋润鲜妍、嫩生生、青幽幽的似有似无的味道。认真一嗅，整个田野上到处浸裹着春暖花开的芳馨。

这里，泥土的香味是很浓郁的，迎着风，慢慢享受，一定会分辨出醇厚而浓烈的老酒味道，这是土地中各种养分发酵时酿出的酱香。当然，最舒心的还是庄稼的香味，它们各有各的特色。麦子正准备抽穗，它的香味清幽，有青草之味，乍闻又逝。油菜正准备开花，它的香味很特别，浪漫而热烈地扑面而来，有一种让人难以承受之重。

麦子很含蓄，由翠绿而黄，油菜绽放时，却有鲜艳的、黄澄澄的心情，其内在是充实而饱满的，所散发出来的香也是浓烈的。各种各色的野花，追求典雅，纯洁的白，妩媚的红，优雅的紫，互为衬托，交相辉映，显出一派娴静的风韵来。

在田野中，所有的感受都是美的，美到人觉得身心都沐浴在诗意中。这美，这诗意，都来自耕作，没有耕耘，就没有诗意，无论春天还是秋天，楼上农人在田畴间耕耘播种，耕耘播种的一丘丘、一弯弯、一坡坡、一坨坨、一层层土地，都显现出起伏的韵律，乃至整个楼上在四季的变换中，都是诗意盎然之美。

日落西山，余晖洒落在古石桥畔，双楠并峙，使整个古寨更具苍辉之美。远山、轻岚、薄雾，顿时涌入脑海中，曾经期许的文人梦想，一一浮现出来。正如唐代诗人孟浩然《过故人庄》所云："故人具鸡黍，邀我至田家。绿树村边合，青山郭外斜。开轩面场圃，把酒话桑麻。待到重阳日，还来就菊花。"

这里随时可听取鸡犬牛哞之声，除此之外，鸠声与鹤声，泉水与蛙鸣之声，相互交织。这生意盎然的春天，这姹紫嫣红的田园，这沁人心脾的花香，正是因有耕读才变得诗意绵绵，才变得色彩纷然，才变得醇香浓浓。对于热爱这片土地的周氏子孙，土地以芳香相报；热爱在田间耕作，在灯下夜读，总是要在相互往来之中，才得以繁衍瓜瓞，耕读绵延。取之于田，用之于田，春种秋收的乡间生活，因为沉浸而充满诗意。

自古以来，惬意而静谧的田间生活，被无数文人墨客倾注笔下，也有不少文人发出归隐田园之叹。"暧暧远人村，依依墟里烟。狗吠深巷中，鸡鸣桑树颠"。这般悠闲舒适的生活，着实令今古文人无限向往，亲临楼上，我才算有了真正地体悟和拥有。正如辛弃疾在《玉楼春》中所写的那样：

> 三三两两谁家女，听取鸣禽枝上语。
> 提壶沽酒已多时，婆饼焦时须早去。
> 醉中忘却来时路，借问行人家住处。
> 只寻古庙那边行，更过溪志乌桕树。

古寨中心之外，田畴叠下，空阔邈远。远处，是绵延不绝的群山；

近处，树竹簇拥，树下有几人引颈眺望。这与传统山水画追求的意境是一致的，在于静谧、空灵、悠远。在楼上，仿佛岁月就是宁静，生命就是一种期许，人生就是为山水而来的约会。

倪云林题画诗中说："荷叶田田柳弄荫，孤蒲短短径苔深。鸢飞鱼跃皆天趣，静里游观一赏心。"可知人与万物之间，存在着难以割舍的亲近感，荡漾着一种怡然的生命情调，这种情调使人对生命与自然亲和之境有极深的领悟。对于人生而言，这种回复不是简单的返回，而是一种升华，一种再造，一种涅槃，更是一个新的起点。

楼上宛若诗情与画意，相互生发，相互融汇而成一幅幅应接不暇、美不胜收的画卷，这样美的生命亦可以成为人涵泳心性之所。那唯美独尊的山水境域，更是期待心手相牵，漫步田畴绿野，演绎放怀山水、牧歌田园般的佳话。

图20 楼上戏楼 纸本水墨 46cm×69cm

与忆相牵

　　古寨气质就在这宁静的氛围中沉淀。古寨木屋瓦房，掩映在翠绿相间的林木之中，层层叠叠甚是震撼。每当秋天来临，村中院里开始晒秋，有玉米、辣椒、黄豆、稻谷等。这秋味是人与自然的完美结合，散发着古老农耕的味道。

　　寨纪、楼上、天福古井、楠桂古桥、古屯、古戏楼、九子十秀才、梓潼阁等穿缀起来的关键词，正是楼上500年历史文化的缩影。

　　野趣、古朴、历史感、自然，这被岁月镌刻出来的楼上，颇有几分隽永的意味。其山水秀美，人文荟萃，凝重与诗意，云蒸与霞蔚并存。

　　楼上景观与空间序列在动态转换中不断呈现出丰富的美感。走进寨门，是个老山塘，成椭圆形，杂树其间。整个堤坎边都是合抱大小的树木，将山塘三面包围掩映，自然形成日照不进的半圆弧小径。往昔，山塘堤坎是土筑，很宽敞，山塘后坎是通行大路，路边是石坎子墙。春夏之季，山塘水满，树影倒入塘中，可玩可赏。时有在周边耕种的农人，中午来此歇息、饮水、吃饭、话农事、抽土烟。盛夏也有来塘边纳凉的闲人。如今所见山塘，据说是十多年前重新翻修的，以发展乡村旅游。有人认为土筑山塘太老土，便将山塘用石栏杆围护起来，全然没有以前那古朴的味道。从山塘堤坎或塘后大路，走过一塘土，便是戏楼。从戏楼左手沿石阶而上，便可上到梓潼阁北侧的圆形院坝，坝中双桂并生，一金一银，颤颤昂昂，树冠形同盖张，将院坝覆盖，四周古柏环立，间以杂树，蔚然深秀。

双桂抚月生气满，七枫触云画意迎。横亘着大片山石，树迎路转，从方碑古墓小径蜿蜒向北，几度曲回之后，便来到树高林密的北斗七枫之下。再向前十数步，古寨才现于目前：古朴的石坎子、曲折的巷道以及参差错落的木屋。远看是明丽的田园，隔河是连绵不尽的峰峦。穿行于古寨、古巷之中，这时才算是临近庭院，直接体会古寨淡雅古朴之美。

坐在梓潼阁的双桂树前，喝着苦丁茶，即使在最闷热的夏天，也有清风从脸上拂过。这些体验身体都清楚地记忆着，就像回应故人造访轻叩的心扉，惊奇却又意外地平静。有时游人甚多而急急奔走，如若来此坐上一刻，心中的烦躁便被林翳幽静屏挡，闭闷的情绪也自然散去。倘若在此住上几日，每日仰星观云，听鹤品茗，更有甚者，在此悠游林下，过上几天闲云野鹤的日子，一切都是那样的宁静、淡远、纯美。林中看月，树下听蝉，阁外听经，万籁俱寂，我物同春。云来伴树，闲看霞起，岁岁年年，世间有几人，能享此清幽与高华。

从双桂树，沿着下殿走廊，慢行到梓潼阁南边，进入有松柏等树围合的草坪。草坪内，一棵千年紫薇树临风独立，这又是别样的静。有别于在养正书院两边门廊闲坐，那里感受到的是清雅至极，而置身于奇石与杂树错落有致的草坪，其静如小家碧玉般清丽、优雅、温婉。

清清的滫嵛河水，从佛顶山深处婉转流来，逐滩迤逦而下，在蔡二塘回旋之后，顺滩而去。滫嵛河的山岚和天福古井的泉声，恰似绝妙悠然的节律，氤氲着楼上。山之翠、田之葱、水之韵、云之轻，极尽吞吐变幻，妙趣无穷，无不融化为周氏家族十九代人心灵的律韵；其始终如一的耕读心态，无不平和与超脱，无不将水的绵长和云的悠远，化作周氏家族的性情和禀赋。

楼上周氏家族十九代人已不断将自身的呼吸、自身的生命、自身的岁月镌刻在了这一个个高低起伏的石坎子中。这里每一根连绵的田坎，都带着春雨的迷蒙，带着秋风的萧瑟，带着孤独的冷峻，带着激越的颤动，有着周氏家族十九代人的气息与格调、倔强意志与风骨，最后又消融在山水田园和世代耕读的生活望境之中。这些石坎子曾带着建造家园的人的虔诚与努力，经受着生命的热情与耕耘岁月的砥磨，变得愈加淳厚，被激活成一个个生命的整体。这些生命整体，在岁月中悠然，在四季交替中变幻，在周氏家族十九代人的心中被捂热，升温而构筑成一个家族最本质的生命景致和温情世界。

在楼上，这种毛石干砌的坎子无处不在，花、果、树、竹生长其间，庭院巷道，恰然园林，可兴可观，单单是那些堆彻得错落别致的院道巷落，就足以令人赞叹，把落花秋水都变成艺术，变成生动的文明，也把古寨子变成一个文明的象征。

阅读楼上的故事，谁都会不由自主地受到耕读诗意的感染，觉得一切清境尚未远去，仿佛对坐片刻，人化为玉，静夜读书，明月自澄。以静坐去认识自然，谈论古今，传承风化而培拥丰硕，消泯病苦，克服精神短弱，同样也以此丰富充实人生，消除寂寞。外观所见，内存所思，凝神内守，逸韵周流。

在古寨写生数次，每一次离开，都依依不舍，正如徐培深在词中所道的心情："一生风月且随缘。穷也幽然，达也幽然。日高三丈我犹眠，不是神仙，谁是神仙。绿杨深处画鸣蝉。卷起香帘，放出炉烟。荷花池馆晚凉天，正好谈禅，又好谈玄。"楼上古寨就是这样的世外仙乡。

在从石阡县至楼上村的道上行驶，山路盘桓，满目苍翠，时而似折叠于云端，时而沉宕于溪湾，山影、溪流、农家、田园络绎错肩而过，令人且惊且叹。下车还没来得及招呼，楼上就迭现眼前。观山问水，与农人相亲，与烟雨为伴。

回忆就是一阵风，由近及远。马桑古屋在夕阳下显得更加沧桑，房顶瓦片上的苔青，挡不住炊烟飘起的情致，也难抑心中追怀与放歌。

水调歌头·楼上我来画

落红正飘洒，漫过在枝丫。溪边田野，农人三五道桑麻。忆往昔双桂下，与共中秋月夜，把酒煮苔茶。看木屋青瓦，白鹤舞朝霞。

听晚钟，也优雅，夕阳斜。轻岚互话，烟雨古寨好为家。从此依依牵挂，楼上膴膴文化，灿烂更风华。楼上我来画，不再走天涯。

图21 龙门古巷 纸本设色 46cm×69cm

第四章

山水约我

画循人文

　　中国山水画历史悠久，有着深厚的文化背景、独特的笔墨语言和丰富的人文涵蕴，若对传统缺乏应有的认知，就无法悟其真谛，感其精神，而登其堂奥。创作的途径不外乎两种：一是对已被历史承认的标准，能有自己独特的认识，并且有适应时代的生发与创新；二是另立标准，以获取被承认的可能。无论如何，都以承接传统为前提，即首先必须与历史发生联系，当然我也不例外。

　　在中国山水画史上，上自隋唐，下迄明清，诸如唐代的王维、李思训，五代的荆浩、关仝、董源、巨然，宋代的李成、范宽、郭熙、李唐，元代的黄公望、倪云林、王蒙、吴镇，明代的沈周、文徵明、董其昌、陈继儒，以及清初的四僧、四王……皆一代之选，标程特出，各逞其奇。

　　我在本科学习期间，曾对董源、郭熙、黄公望、王蒙、倪云林、吴镇等有所沉浸，却始终觉得气象不够，格韵难寻。后见黄宾虹之论，而对于山水创作渐渐开悟，稍有领承，则践行不断，以为我用。一是"寻山问水"，二是"澄怀味像"，三是"造化心源"，四是"山水代言"。

"寻山问水"，就是深入自然山水中，搜尽奇峰，览尽万壑；"澄怀味像"，就是通过平静内心，澄明胸怀，以玩味、体味、寻味山水的形态及其所包含的意味、意义，是深入地体悟、领悟山水的精微；"造化心源"，就是通过外师造化，而中得心源，以天地为师，还要会心天地，以得其环中，就本质而言是感领大衍化流的氤氲之气与生生之意，实现与山水品质的交融和精神往来；"山水代言"，就是做山水精神的代言人，即代山水立言，将山水美的本质寓于笔墨。

清方薰在《山静居论画》中说："作画必先立意，以定位置。意奇则奇，意高则高，意远则远，意深则深，意古则古，庸则庸，俗则俗矣。"每览楼上山水，顿觉神思渺渺，天外烟霞，共我徘徊，真不知自在何处，也难问今夕何夕，若非笔墨神妙，何能置观者于神圣般的仙境之中。

山水画并不是纯客观的反映，而是主客观自然结合的产物，"画自然之性，也画吾人之心"，因此要"无间于外，无息于内"，在"默与神化""状物抒情"的过程中，根据感受和审美追求的需要，尝试对山水景物进行不断的提炼概括，不再局限于某一真景的描写而"搜尽奇峰打草稿"，也只有在"中得心源"的过程中以"得其天趣，妙入化机"，创造出新的意境，并画出有新意的作品。在这"迁想妙得"的过程中，必然包含着笔墨技法的继承与努力创新，正如石涛所说："墨非蒙养不灵，笔非生活不神。"

古寨是因它们自身所具有的和谐性、历史感和文化符号意义，也因其可能被现代化的过程所挤迫和取代的命运，牵动着周氏子孙的心。在这个高度物质化的社会里，人们更追怀像楼上古寨这样存留下来的，原本落后的耕读生活里的一些感受，所以想要在绘画中寄托一些东西，以供人们寻绎与思考。思考现代化的"失落"，借绘画以"寄托"这种思考和情感，体现了一个当代艺术追寻者对表现即将逝去的文化村落的一份艺术良知和文化责任感。

对艺术的执着以及一往无前，是我多年来的心性与目标。写生楼上山水之美，也是我这两年来的努力与实践。对楼上山水苍浑、古朴、素雅之美，我始终有一种强烈的冲动，既要有丰富的笔墨语言，又要与楼上的山水特质、素质及文化相联系，试图将这多种语汇融会一境。因此，面对趋向多样化发展的当代中国山水画，自身该如何对待传统，如何运用笔墨，如何结合楼上山水文化的特点，提升自己的笔墨表现力，是近两年萦绕于我内心并反复思考的问题。后通过长期思索、反复领悟，不时获得一些启示，皆不断地注入写生之中，日积月累。有了这些积累，并在创作中借鉴前人，博收萃取，为形成自己独特的、具有楼上特质的，更能表现其历史文化含蕴的作品。

《楼上十二景》是在写生的基础上，多预想布置，安排大体，总体构思，力求统一中有变化，然后下笔，偶然得意，随意生发，以求奇思壮采。也有部分作品是凭记忆和追求理想生命之境而想象完成的。

《楼上十二景》分为《村烟在望》《山塘涵影》《双桂秋月》《潼阁晚钟》《斗枫鸣鹤》《古屯暮雪》《林边春色》《天福问泉》《石桥朝露》《观音坐莲》《砚田挹韵》《戏楼拥翠》。

图22 村烟在望 绢本 46cm×34cm

图23 山塘涵影 绢本 46cm×34cm

图24 双桂秋月 绢本 46cm×34cm

图25 潼阁晚钟 绢本 46cm×34cm

图26 斗枫鸣鹤 绢本 46cm×34cm

图27 古屯暮雪 绢本 46cm×34cm

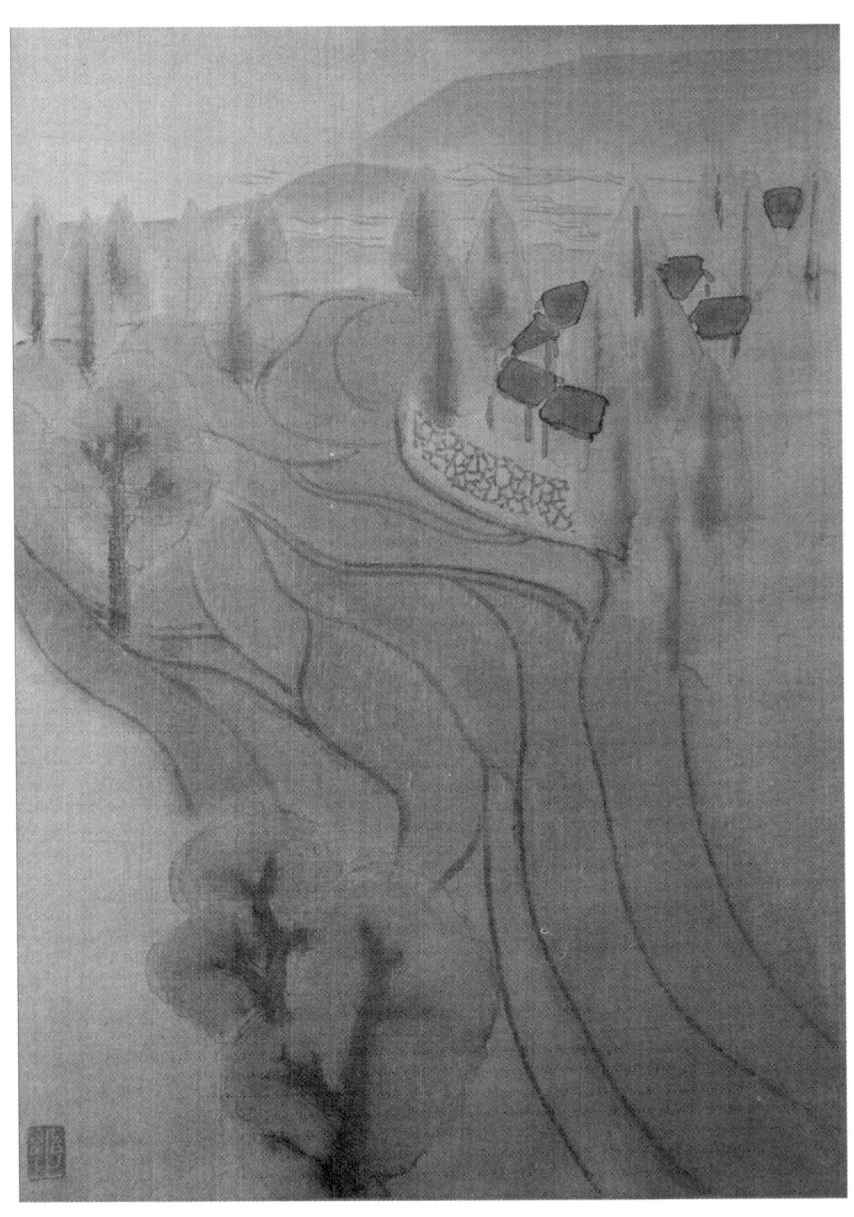

图28 林边春色 绢本 46cm×34cm

图29 天福问泉 绢本　46cm×34cm

图30 石桥朝露 绢本　46cm×34cm

图31 观音坐莲 绢本　46cm×34cm

图32 砚田挹韵 绢本 46cm×34cm

图33 戏楼拥翠 绢本　46cm×34cm

此《楼上十二景》，笔墨兼工带写，力求生动松秀，空灵淡雅。从不同视角描绘了楼上最具特色的十二处人文山水景观。构图景景有别，既有典型的物象特征，又有丰富的人文内涵。每幅作品从构图到笔墨，既表现景观的特色，又力求形式多样、风格统一而极尽变化之妙，丰富和谐，生动自然，情景交融。

绘《楼上十二景》的目的，在于集中地把楼上的山水特色、家园的美好充分地体现出来，参透楼上山水特定的价值与永恒的意义。在与历史和山水的对话中，回归素朴，崇尚诗性，将空蒙的楼上山水、悠久的耕读传统、素朴的家园品性，通通铺展开来，以折射出楼上山水无穷无尽的潜力与大美境界。

楼上周氏以耕读为本，以礼义为文，以田园为景，以山水为望，构筑起楼上的耕读文化。这也是千百年来文人们寻觅的桃源梦想。因此这《楼上十二景》力争将农耕文化、田园山居、山水人文融合在一起，以浓缩有史以来文人所追寻的耕读理想，以承载周氏家族 500 多年来诗意耕读的涵蕴。

我对楼上山水的记忆总是与对生命理想的体验与追寻相关连。同时，在楼上山水田园守望、体悟、追寻的，是传统山水精神和文人生活理想。创作中，我力求把楼上古寨山水田园画得更加高古、杳远和神圣，也有更加具有可居可赏的亲近、宁静和秀美，因而绾合而成这些作品的基调。这基调既能浓缩不同的景物，也与始终找寻的心境相关，而崇尚文人画传统，偏爱选择古雅厚润的笔墨语言，也是自己的气质秉性和艺术理想所决定。因此，在创作中，尝试兼用工式带写的风格，努力实现山水文化的融合，也追求一定的带有自身审美个性和美感面貌的笔墨表现能力，并能深入涵摄生命迹象，即有生意、生命气息灌注作品之中，使作品更加真率自然，又各具特色。

在这两年楼上山水创作实践中，有对楼上山水的不断沉浸，有静下心来对传统山水文化进行思考，也有在继承与创新之间的有意反复，并把这种反复作为一种自觉的方法。这些无不加深了我对中国画传统与本质特征的深入思考，使我能站在人文历史与山水画历史发展的向度中来审视自身的实践，收获颇多。

淡染轻岚

写生之作以水墨为主，多以意象的凝聚去表现楼上山水的自然之质、之色、之气、之韵及村居之美。在崇尚淡雅醇和的文人画风格的同时，不断领略并参化宋人山水画的设色，力求淡雅明净，适合楼上的山水风貌。我在创作中尤其对晨夕之间，或晴岚或雨雾的朦胧迷茫、光雾交融的特色进行了一些尝试，也取得了一点效果。

郭熙认为："山有三远，自山下而仰山巅谓之高远，自山前而窥山后谓之深远，自近山而远山谓之平远；高远之色清明，深远之色重晦，平远之色有明有晦……其人物之在三远也，高远者明了，深远者细碎，平远者冲淡；明了者不短，细碎者不长，冲淡者不大。此三远也。"在创作过程中，我尝试不断去化用这"三远"之法，对于景物之后的色象，即清明、重晦、迷离、明了、细碎、冲淡以及全局皆一一顾及，并突出其深远之色。通过不断渲染强化，使画中氤氲一种来自天地之间的生命气息，弥漫、充盈、荡浮其间，形成一种以深远、幽远、迷远相结合的迷离绵邈、幽邃空蒙的美感特质。

每一次创作之后，我都要静下心来，将作品置于传统中去比对，对其得失进行分析与思考，并借鉴古代山水画大家在创作实践方面的经验及有关论述，寻找适合楼上山水特质的笔墨语言、适合自身笔墨特点的山水风貌，努力为楼上山水立象以代言。正如石涛之论："此予五十年前，未脱胎于山川也，亦非糟粕其山川，而使山川自私也。山川使予代山川而言也，山川脱胎于山川也，予脱胎于山川也。搜尽奇峰打草稿也。山川与予神遇而迹化也，所以终归之于大涤也。"

楼上气候湿润，四季烟云变幻莫测，作为结构中心或重心的古寨村居，常年处在山水、树林、竹林、河流、泉水的裹抱之中，蔚然而深秀，远山雨霁云归，河雾弥漫，山色苍茫，在晨曦、夕阳、雨后、月光之下，空蒙、明灭、明秀、绮丽、灿烂，但更多的是山岚与雾感。

图34《雾锁潆崾》，天空、近处或远处的山体、河面，大都掩映着不知从何处来的茫茫雾霭、烟岚，化之以缭绕浮动的雾感。其表现手法上强化了笔法线条的表现力，山石无皴，仅以线勾出山石结构、轮廓，再染以色，在此基础上讲求空间层次与雾感，在迷远、深远、阔远中求变化。

这种雾感是楼上山水特质之一，也是表现楼上山水绕不过的形式语言。前景以古树隐以木屋，有意拉大树与房屋之间比例，更显树之苍老、村落的深邃和楼上岁序的久远，远处则雾气浸弥于山间。这种朝岚弥漫之景，设色较为主观，并非传统的青绿色彩，虽浅淡简单，而不觉其单调，仍能收到色调丰富的效果。

图34 雾锁渺岭 绢本设色　25cm×25cm

这种雾感，可以任意调整明暗与对象的关系，作写实之处的虚，能更自由地达情造境。所起的白雾淡尽了村居烟火与喧嚣，而将村居幻化为神秘的仙境，突出它们幽藏于大山深处这一特定生存空间的诗意性，以感悟时空那种独特的深邃、空漠与寂静，仿佛是对当今过于尘嚣生活所厌倦而不得不憧憬宁静无扰的田园牧歌式的生活找寻。或"化有为无"，或"化实为虚"，无疑指向了山水画的精神性目标。

图35《膴膴竹居图》，取意楼上宁静处之之态。对象选取简单，只有竹、山峦和几处山居在画面组合，追求简洁、整体的画面布局。

近处有竹三五丛，临风摇曳，闲闲有致，再人家三五处，掩映其间，怡然自得；屋后峰峦层叠，仿佛是与山外世界设置的一道屏障，在其内已能自在自足；山间云烟蔚起，似瀑布一样从右边山间蔓延下来，使所留空白不知为何，屋舍？蹊径？或桑田？说其无，并非真无，说其有，未必真有，使风景增添了几分神秘。

图36《楼上溪居图》多数以积染反复叠加，追求厚实、凝重的效果，但在厚实中有空灵，景实而意虚，很透气。关键在于虚的地方合情合理，达到虚实相变相生，虚中见实、实中见虚之妙，正如清笪重光所说："虚实相生，无画处皆成妙境。"而这种虚实相生之法，体现为很好的"留白"与"大块湿墨"的运用。这种"留白"与"大块湿墨"使画面中的极虚、极实、极密、极疏、极浓、极淡、极满、极空、极奇、极正等变化都获得了对比、统一与协调，这种对比、统一与协调富于变化而生气韵，其所产生的节奏与韵律，使形式富于律动，达到一种浑然天成、气韵生动的艺术感染力。

在楼上的创作中，我曾多次尝试，有效地把握"深远、幽远、迷远"之法的整体性，主动地深化并生发此"三远"的艺术性，以便表现楼上山水形质风貌的概括性和高度性。这"三远"之法在这些作品中，即是构图方法，是观察方法，是观照方法，是创作方法，是创作论，是关乎"身即山川而取之"的演绎。

在这些创作中，通过写生积累，在层层静谧的青绿色墨韵中，那一片片蒙蒙的山林树丛，是凝重深秀的楼上山水，是润泽美丽的田园之乡，是对石涛"我之为我，自有我在"的忠实践行。

图35 膴膴竹居图 纸本水墨 183cm×132cm

图36 楼上溪居图 纸本水墨 69cm×46cm

图37 熙熙江上向晚晴 绢本设色 25cm×25cm

心与境偕

　　意境是艺术到达很高层次后的产物，它体现出了中国传统文化的固有审美心态，即讲究味外之旨。中国古代美学往往将审美称作"味"，更习惯于玩味式的品读与渐入佳境式的审美方式，以回味个中情致，即古人所说"品其味，会其意，明其志"，表现一种"饮之太和，独鹤与飞"的境界。这与中国画的独特文人审美心理和习惯有关，在审美风格上，更侧重于类似浑厚、朴实、旷达、高古、和谐、含蓄、典雅等审美标准。但是最高的审美境界却是超越视觉的精神之域，是人文精神的凝聚，是将美与超形质的精神相贯通。在这片精神之域中，有无上的意义可以品味与追寻。

　　山水画的意境不仅表现在其画面的文思上，更多时候表现在其笔墨境界中，正如蒋和所言："夫落笔时先须立意，一幅之中有气、有笔、有景，种种具于胸中，到笔着纸时，直追出心中之画。

理法相生，气机流畅，自不与凡俗等。"（蒋和《学画杂论》）有意境是将有形的山水与无形的意蕴组合在一起，有着从情感到气格的"境界"的追求，使其涵蕴丰富、深远。

境出情性。笔墨、形式、创造，其旨在表现人的主体精神。这种主体精神可称为心、情、意，所以写生时心境非常重要。山水画是作者借山水之形貌来表达主体的言说方式，而意境也就成了山水画家通过自然山川、言说自身人格精神的一种追求。

黄宾虹曾说："法从理中来，理从造化变化中来。法备气至，气至则造化入画，自然在笔墨之中而跃现于纸上。"只有尽览楼上村居、田园、山水、云岚之变化，才能在作品上多一些属于自己的表达与对楼上文化内涵的摄入，以获得新的意境。

古人所说的"有一等之心胸，方有一等之艺术"，强调的就是艺术境界与心灵之间密切相关的作用。其境是人的生命体验对世界反应的凝聚和综合，不同的心灵境界会创造出不同的艺术品位和意境。

图 38《潕嶙风姿》，玉峰昂天，群峰拱仰。或层层高叠，或逶迤连绵，或烟云缥缈。古寨环抱其中，松林掩映，野草丛生，村道乍显乍隐。或溪涧绝奇，古泉清流，石桥横穿，堰渠交错；或山势合抱成其深壑，或苍松穹立屏岩之上，一种高士寄怀之境，无不令人神思邈然。群山翠绿盈满，真气弥漫而更加深秀，一种澄怀之心，直逼古人自得之乐、淡泊宁静之风。

下笔往往勾皴相兼，苍中带润，清晰明洁，朗润透剔，时而飞茸生烟，使阔远、深远、幽远与迷远浑然一体，从而形成了自己的理想追求。通过画面的形式与意象所生成的意境，更能体现楼上山水田园、人文景观之美，力求含蕴丰富多彩。在创作过程中，不仅追求笔墨的新鲜、生动与丰富，努力再现楼上山水的素

图38 漻峪风姿 绢本设色 25cm×16cm

雅与淡朴，而且强调笔墨形式的独立性，更重视个人表现的自由。在不影响生动描绘的同时保持笔墨的独立韵味。采用的笔法更多，风格更趋精致。而我所突出的是水墨情致，又不失写生的真实生动，并孕育而成凝重、厚拙、深秀的山水风格。

这些作品是重传统笔墨、重生命体验、重人文修养、重意境生成、重化古创新的学术选择，不仅表现自身的精神追求、思想情感、艺术意趣，而且有对楼上神奇的虔敬，对蔚然深秀之美的礼赞，同时也寄托了创作者处世的态度和向往山水田园的情致。作品从创作到欣赏都有着引人入胜和移情于景的特点，所画山水要在造境，高在化境：一是使作画和看画皆身临其境之感，亲近自然，回归自然，和大自然合一，进入与景常新的境界；二是沉醉、陶化于所画的山水中，同样可以获得云烟供养，领承浩然之气，卧以游之，为之怡情，为之陶冶，获得生命的感悟、精神的怡然和心灵的纯化，获得致静致远的人生之境。

艺术的最高层次是心灵的攀缘与意识的空灵，是审美境界超越功利性的表征。在创作中营造的楼上山居，境是基础，意为主导，其意境的创造或偏"意胜"，或重"境胜"，但均是情意物化、景物人化，具象景物融入感情和心象，从而构造出一种新颖独特的山水胜境。或移境入心，以心照境；或以境显境，以境生境，表现的是创作者居游的时域扩展，也是创作者将自身放入这个世界中的际遇、境况、体会等生命动态过程，并由此而形成的对人生感喟、对生命珍视、对审美超越、对人格熏养等审美境界的把握，以承接天地之心，取会风骚之意而进入艺术心灵的至高之境，使山水自然与我合于内在的无际之境、不隔之境。

桃源篇章

　　楼上古寨，是周氏家族十九代人用辛勤的汗水和智慧积淀出来的，有独特的历史文化涵蕴，有美妙绝伦、天人合一的村居建筑与环境，是文人化的审美意识在农村的生发与拓展，是集村居、山水、田园于一体的农耕式的家园。周氏家族500余年来，不断积淀着、生发着桃源理想家园中最深层的精神追求，代表着耕读追寻的独特的精神标志，为今后人类怎样生息绵延提供了丰厚的可资借鉴的样式，因而楼上是一方耕读之原，是可供存放内心的精神家园。

　　楼上古寨所追寻的是文人理想中的桃源，诗人理想中的诗思，隐者栖心的那份闲适、宁静与淡泊。换言之，楼上在家园建造时，选择的是栖心之路，一切物象在楼上这里都转换为心象，成为对内心的体悟与对本性的叩问。因此，古寨自建造开始便合乎自然而随意的心性。见之古寨，不难看到，其自然而随意洒脱的格调与追求，不是那种对家园物化的具体认识，而是心性的自我之象，由意形之于家园，使之成为一种建造的再生机制。

从广义上看，这是一种精神自由的主张，结合了栖心与乐居，要求心灵放松与豁达，使古寨逐步成为自然简约中的深刻，朴拙率性中的典雅。

周氏家庭所敬重的桃源理想与重耕读、树贤人的家族意识，进一步拓宽了家族发展的视野，使其在自然道存、适处栖心的家园建造中，注重家园本质、栖心精神存放之境。在家园建设的宜居乐处中承继了以心灵回归为本的耕读诗心，要求周氏子孙，从对物质的持有转为对心性、心境的寻找与存放，并自始至终寻求对生命的适意过程。

当然，这是由宜居乐处至畅心美居的必然表现，在这样的山居之中，心才能无所挂碍，心境则更为澄澈，心地为之爽洁、空明、清新，看自然更为亲近。因此古寨也必然洒脱、空灵、隽永，使用材质方式亦必然原始、素雅，具品质美态，形成总体的空疏，为清，为素，为淡，为境。自然、素朴、散淡、冲和、空明、含蓄的心境是超越世俗浮尘的最好通道，在这里心灵可以获得一种精神的优越与慰藉，这一切又必然成为家园中最迷人的色泽。

在今天的世界中，古典的文化、古典的耕读、古典的精神，真的还能找寻吗？像陶渊明所期待追寻的桃源之梦，真的还能实现吗？

我的回答是，可以！楼上田园村居，正是中国历代文人所栖心的古典文化精神之园，也是陶渊明所梦想之桃源，在中国农村的真实践履，使那些躁郁不已的心，通过楼上这世外之园、生命之园、精神之园、文化之园而得以慰藉，实现身心相安，也使楼上真正能为人类提供可居、可游、可行、可望、可隐、可寄的精神家园。

楼上家园建设，思想深邃，目光前瞻，凝聚着勤劳与智慧，体现了努力不懈、持之以恒的力量，同时有一种远古的历史感。一种大气磅礴的时空感。那种涵摄天地自然的气象，始终虹贯其中，让人深感其家族的审美高度。这种家园意识与追求，带给人们的不只是审美上的无穷乐趣，还启悟着更高的人生智慧，让人们仿佛看到心骋八极、任用万类，并且激发创作者把家园之美、山水田园之奂融入画中。

一幅楼上村居图，仿佛是一片秋烟，洒向山色田野，萧寂徜恍间，仿佛有云水捶琴，鹳鹤惊鸣之音；向远处遥目，则云天连为净净一色，带着古淡情味的田野，深深地震撼着崇尚世外桃源的人心。楼上是有形画，又是无声诗。这清寂飘忽的山水，这宁静无尘的田园，这耕读有序的人家，无不寓意发抒，所蕴藏的不只是单纯的寨边新柳，山外春烟。

如图39《瓦屋幽居图》，近景溪边密树浓荫，曲径引入寨中，瓦屋层层错错，幽深静寂；中景云山雾罩，三两人家置于山上，无人的喧闹，无月的映照，无松的摇动，宁寂悠然而清雅，兼具"白云生处有人家"和"深山无人问"之景致；远山山势蜿蜒奔趋而来，一峰昂然峻立，秀拔云天，若隐若现，使楼上之景浸漫于雾霭烟岚之中，增加山色的朦胧苍翠之美、幽深之味、宁静之态，甚至在草草点点之中有生生不息的气息。

此画，力求以独特韵致，更加真实自然地表现楼上山水的特质和生命气息，即远山深处的那种特有的转换瞬息，似有似无，挥之不去收之不来，又无处不在的一种难以把捉的湿雾，以把无限放在有限的笔墨上，使之永恒；也想多蕴含一些心灵的向度和对山水精神的诉求，来表达对人生、对历史、对文化的追寻和对传统人文理想的渴求。给观者带来古典文明的芬芳，且能有拔俗喧嚣、超脱俗尘，是这次创作，也是今后努力达到的境界。

图39 瓦屋幽居图 纸本水墨 198cm×97cm

后　记

　　这本《画约楼上》是近几年来读书养心、观楼上山水、品楼上文化的感悟及写生创作的实践，也是近年特别是进入中国美术学院以来，受之影响与熏沐，为树立人生目标、生发艺术追求、审美理想以及心灵的展望所进行的艺术实践与思考。既是对楼上山水文化领略的不断感悟，也是几年来想为楼上山水"代言"的记录。记得有言，人生与其增加生命的长度，不如增加生命的密度。在我看来，这本集子，在于努力增加生命的密度、宽度与厚度，亦不断积累生命的韵度。

　　然而，要表现楼上山水之精神，不仅要求沉潜于楼上山水，高度的内心专注，以入无我状态与长期努力，而且要在笔墨积累与尝试中，表现楼上山水文化的深厚与素雅，又有赖于阅历学问不断积累后的丰富的审美容量。这些对于我来说，都是之前难以想象的。最大的问题是难以表现楼上耕读风韵，不能数笔之内集萃大成，至于体会楼上家园建造用意的精微，以及楼上山水精神，则更需要用尽全部心思。

今天，我们身处一个与时俱进的时代。随着文化大繁荣时代的到来，多种文化互为交叠、互为楔入，艺术也进入了一个前所未有的新时代。在这样的艺术发展境域中，艺术风格的确立和深化正是吾辈必须直视并为之努力的当代使命。为此，在楼上的写生与创作中，以领略、感悟、品味的观照，为楼上山水精神找寻一种与古为新的尝试，是我所担负的艺术使命。赋予楼上这一方山水以鲜明的文化特色、田园特色、时代特色，这是我的艺术目标。它既包含了对传统山水文化的吸收，也包含了不断融入楼上山水文化的精神；它既是对楼上的文化传统与山水精神的领承和表达，也包含了问学知行中生生不息的生命激情与创作冲动。

在楼上的多次写生，我始终澎湃着生命的激情。这种激情全然听命于心灵的驱使，饱游饫看，全身心地投入，并不断拥有"只如初见"的鲜活，不时也有"外师造化，中得心源"的悟道之感。借着这种激情，在写生创作中，一方面可以深入传统，不断尝试笔墨，不断丰富艺术语言，以融汇耕读文化与山水文化的精神；另一方面可以随性皴染，深入真正的研究层面去坚守自己的追求和信念。循着楼上那真切的山水，使我在从品味到写生到创作的不断轮转中，一次次地坚守着山水艺术赖以根植的传统。在创作的时候，我总是喜欢回返心灵，回到艺术中那种纵情挥毫的最原初、最本质的生命原点，以"达其情性，形其哀乐"，实现"志于道，据于德，依于仁，游于艺"的人生艺术。

深入传统与生活，以"师古人""师造化""师己心"为艺术人生之至道。对楼上山水文化的研究是一种对人生与行为、艺术与精神、情感与追求、传统与现代的多层面研究，而对其耕读文化的品读是一种精神的品读。这一切都处于尝试，今后仍将继续，为此我将把各种领悟汇聚于心，来感悟与化融，以进入艺术生命本身。

俯仰楼上的云烟变幻，一面体味形式质感，一面作为心灵的发抒，立象以尽意，这二者构成写生创作的基本内容。有时怕立意不高，把楼上山水降格；有时怕画得太多，不给他人留下楼上的些许空白，以至于无法让他人去慢慢赋采。这些画作虽不成熟，却是我从楼上山水到眼，眼到心，从心而手，而画，表达了自己对山水、生活、艺术、传统、文化的思索。虽不能从中国传统山水艺术的丰富笔墨语言中精心萃化为属于自己的语言，准确地表现楼上山水文化的精神，却是我对传统笔墨、山水精神、耕读文化、山水创作问题的极深情、极认真的思考。

酣意难尽，如水的记忆，真是太多……楼上山水与田园，融合了周氏家族独特的历史过往及精神情趣，其十九代人的努力与智慧，创造了一个山水相守相望的家园之居和心灵之境。当我们处在这样的居境中，回望其家族的耕读传承之路，油然而生一种感慨，并滋生一种责任。用山水画去表达、去丰富楼上文化，是厚重难推的恒永使命，也会化作像楼上历代贤人那样的容与人生的风韵与境界。

肖小艳
2019 年 5 月于中国美术学院

图书在版编目（CIP）数据

画约楼上 / 肖小艳著 . — 北京 ：台海出版社，
2020.1

ISBN 978-7-5168-2504-4

Ⅰ . ①画… Ⅱ . ①肖… Ⅲ . ①随笔－作品集－中国－
当代 Ⅳ . ① I267.1

中国版本图书馆 CIP 数据核字（2019）第 278554 号

画约楼上

肖小艳　著

出 版 人	蔡　旭	
责任编辑	王　萍	
装帧设计	凤凰树文化	

出　　版	台海出版社
地　　址	北京市东城区景山东街20号
邮　　编	100009
电　　话	010-64041652（发行、邮购）
传　　真	010-84045799（总编室）
网　　址	www.taimeng.org.cn/thcbs/default.htm
电子邮箱	thcbs@126.com

发　　行	全国各地新华书店
印　　刷	天津立江印刷有限公司

开　　本	710毫米×1000毫米　1/16
字　　数	126千字
印　　张	11.25
版　　次	2020年3月第1版
印　　次	2020年3月第1次印刷

书　　号	ISBN 978-7-5168-2504-4
定　　价	55.00元